부자 아빠 없다면
금융 공부부터 해라

대한민국 성인 셋 중 둘은 금융문맹!
금융을 모르고 부자를 꿈꾸지 마라

부자 아빠 없다면
금융 공부부터 해라

● 천규승 지음 ●

KOREA.COM

OECD 평균에도 못 미치는
대한민국 금융 이해도 수준

스탠더드앤드푸어스(S&P) 등 국내외 리서치기관의 각종 조사에 따르면 우리나라 성인의 금융 이해도(Financial Literacy) 수준은 경제협력개발기구(OECD)의 평균에 못 미치는 것은 물론, 아시아 지역에서도 하위권으로 뒤처지고 있다.

우리 국민들은 재테크, 즉 돈 버는 데에는 관심이 매우 높은 편이다. 반면 자신이 번 돈을 어떻게 쓰고, 모으고, 관리해야 하는지에 대해서는 무지한 경우가 적지 않다.

금융 환경은 날로 복잡해지고 있고, 급속한 고령화와 함께 저성장과 저금리 기조가 고착화되는 상황에서 합리적인 경제생활을 위한 금융 교육의 중요성은 더욱 절실한 시점이다.

미국이나 영국 등 금융 선진국에서는 정부 주도로 어릴 때부터 생애주기에 맞게 금융 교육을 시작한다. 금융 교육을 학교 정규 과목으로 편성하여, 화폐의 기능과 사용에서부터 개인 예산 세우기, 금융 상품과 서비스, 소득과 저축, 신용, 부채, 금융 위험 등 재무 계획에 이르기까지 체계적으로 배운다.

그에 비하면 우리나라의 금융 교육은 아주 미미한 수준이다. 교육부는 2018년부터 고교 필수과목에 '시장경제와 금융'을 포함시켜 교육할 것이라고 밝혔지만, 그 비중을 놓고 볼 때 아직 갈 길이 멀다. 또한 학생뿐 아니라 일반 사회인에 대한 교육도 시급한 실정이다. 대학을 졸업하고 나서도 금융 관련 교육을 제대로 받은 이들은 손에 꼽을 정도다.

이러한 체계적 금융 교육의 부재는 '금융문맹'이라는 말을 만들어냈을 뿐 아니라, 현실적으로도 불행한 문제들을 일으키고 있다. 멀쩡한 직업을 갖고도 한순간에 신용불량자가 되는 사람들이 생겨나는가 하면, 투자 손실이 나기만 하면 금융사만 탓하거나 일단 사고가 나면 보험료를 최대한 받아내려고 '꼼수'를 쓰기도 한다. 고령층 등 정보 취약 계층에 대한 금융 사기가 빈번하게 늘고 있는 것도 큰 사회적인 문제다.

심각한 금융문맹은 꼭 극복해야 할 시대적 과제다. 금융 질서 확립, 그리고 나아가 선진 시장경제 구축은 합리적 금융 경제 의식을 키우는 학습 과정을 통해서만 가능하다.

이번에 출간된 《부자 아빠 없다면 금융 공부부터 해라》에는 금융 생활을 하는 사람이라면 누구나 꼭 알아 두어야 하는 기초적인 금융 지식부터 실생활에서 부딪치게 되는 금융 문제, 가장 많이 이용하는 금융 상품에 대해 미처 몰랐던 정보와 유용한 활용 방법 등이 담겨 있다.

이 책은 공교육에서 금융 교육을 제대로 받지 못하고 자란 우리나라 기성세대에게 올바른 금융 상식과 경제 지식을 일깨워 주는 실용적인 금융 교육서가 될 것이다.

—전광우 (초대 금융위원장, 연세대학교 석좌교수)

차례

금융문맹이 무서운 이유!

"문맹은 생활을 불편하게 하지만,
 금융문맹은 생존을 불가능하게 만들기 때문에 문맹보다 더 무섭다."

미국 연방준비제도이사회(FRB) 의장을 네 번에 걸쳐 연임하면서
세계 경제를 호령했던 앨런 그린스펀이 한 말이다.

우리는 돈 쓰기 좋은 세상에 살고 있다. 언제 어디서나 현금이 없
어도 요술방망이 같은 신용카드가 원하는 것을 다 사 준다. 은행 거
래를 하는 국민 중에 신용카드를 발급받아 본 적이 없는 사람이 거
의 없을 정도로 신용카드가 일반화되어 있고, 본인 여부를 확인하는
절차도 날로 간편해져서 이제 누구든 비밀번호 몇 자리만 누르면 곧
바로 물건을 살 수 있다.

상점마다 물자도 넘쳐난다. 백화점, 대·소형마트, 편의점, 전통시
장, 노점상에 이르기까지 문밖에만 나서면 크고 작은 상점이 즐비
하다. 굳이 상점에 가지 않더라도 TV나 인터넷, 또는 스마트폰으로
원하는 물건을 척척 살 수 있다. 눈에 보이는 물건만이 아니다. 학원,
병원, 음식점, 미용실, 놀이공원, 찜질방 어디에서나 현금이 없어도
서비스를 받을 수 있다.

그래서 우리는 더 행복해졌는가? 아니다. 욕망은 끝이 없고, 신용은 곧 바닥이 난다. 대통령이 어떤 옷을 입었는지, 재벌 총수가 어떤 메뉴로 아침식사를 하고, 어떤 취미 활동을 하는지, 유명 탤런트가 드라마에서 착용한 액세서리가 어떤 브랜드이고, 어디서 사야 가장 싼지 인터넷만 통하면 쉽게 알아낼 수 있다.

이런 정보들은 우리의 소비 심리를 자극한다. 끊임없이 노출되는 상품 광고는 약탈적이기까지 하다. 사지 않으면 유행에서 뒤떨어져 왕따를 당할 것처럼 닦달하며, 사겠다는 최면에 걸릴 때까지 설득한다. 돈이 필요할 때 전화만 걸면 전화를 끊기도 전에 몇 백만 원 정도는 계좌이체해 주겠다고, 남편에게 말 못할 돈이라도 전화 한 통화면 바로 빌려주겠다고 한다.

그것만이 아니다. 금융 기술이 발달하면서 철저한 보안을 요구하던 신용 인증 절차가 상상 이상으로 간편해지고 있다. 눈에 보이는 상품에 휴대폰을 갖다 대면 상품 정보가 뜨고, 곧바로 구매로 이어질 수 있게 만드는 세상이 온 것이다. 그러나 그 유혹의 덫에 빠지면 결국 우리는 돈의 노예가 되고 만다.

최근 국제신용평가사 스탠더드앤드푸어스(S&P)가 발표한 '세계 금융 이해력 조사'에 따르면 한국인의 금융 이해력은 전 세계 143개 국 중 77위를 차지했다. 이는 아시아 국가들 중에서도 낮은 수준에 속하며, 저개발국가인 가봉(67위)이나 우간다(76위)보다도 낮다.

금융 역량이란 특정한 형태를 지닌 것이 아니다. 맥락과 상황에 따라 내용이 달라진다. 경제적 상황과 생활수준, 산업 발전 정도에 크게 좌우된다.

못사는 나라에서는 저축이 중요하다. 국민들이 은행에 저축한 돈 이 산업 투자 자원이 되고, 산업 투자가 이루어져야 고용이 늘고, 국민들의 소득이 늘기 때문이다. 소득이 늘면 다시 또 저축이 늘게 된다. 그러한 나라에서는 근검절약과 저축 마인드가 금융 이해력의 기본 구조를 이룬다.

먹고살 만한 나라에서는 수입과 지출의 균형이 금융 역량의 중심 이다. 따라서 번 돈의 범위 내에서 소비지출을 할 수 있는 다양한 기 준과 요령이 필요하다.

금융 산업이 발달하고 신용 사회가 진전되면 돈을 빌리기가 쉬워진다. 이러한 상황에서는 신용과 빚 관리 능력이 금융 역량이다. 어떻게 하면 싼 이자로 빚을 낼 것인가, 신용카드는 어떻게 쓰는 것이 효율적이며, 할부 구매 같은 신용 소비는 어떻게 하는 것이 유리한가, 또 어쩌다 빚을 갚지 못해 신용불량 상태가 되었을 때 신용을 회복하려면 어떻게 해야 하는가가 중요해진다.

언제 닥칠지 모르는 위험을 어떻게 관리할 것인가도 금융 역량에서 중요하다. 금전적 위험을 최소화하기 위한 방안은 무엇인지, 보험에 대한 관심이 늘면서 어떤 종류의 보험이 세상을 살아가는 데 실제로 도움이 되는지 구체적으로 대응할 수 있는 능력이 중요해진다.

금융문맹이란 금융 지식이 없는 경우만을 말하는 것이 아니다. 돈버는 재주도 남다르고, 금융에 관한 용어, 금융 상품의 구조, 금융회사를 이용하는 요령을 꿰뚫고 있다고 하더라도, 금융 마인드가 없다면 그 사람은 금융문맹이다. 금융 마인드란 돈의 생리를 제대로 알고, 돈이 사람에게 어떤 영향을 미치는지 적절하게 이해하며, 돈을다스릴 줄 아는 마음가짐을 의미한다. 돈의 가치만큼 그 돈을 쓸 줄아는 사람이다.

나는 지금 금융 생활을 잘하고 있는가? 금융문맹은 아닌가? 금융 회사의 마케팅 술수에 넘어간 나머지 앞으로는 남는 것 같지만 뒤로는 밑지고 있지 않은가? 금융문맹을 탈출하려면 어떻게 해야 할까? 돈에 관한 건강한 비전으로 풍요로운 금융 생활을 누리는 방법은 무엇인가?

특히 자본주의 시대를 살아가는 우리는 누구나 금융 문제에서 자유로울 수 없다. 금융 문제는 저절로 해결되는 것이 아니라 학습하고 실천하고 습관화하는 과정을 통해서 이루어진다.

이 책은 그동안 금융위원회, 금융감독원의 연구 수행 결과와 KBS, EBS를 비롯한 공중파 방송의 강연, 조선일보, 중앙일보, 동아일보 등의 신문이나 금융 관련 잡지, 각종 금융 관련 교재에 쓴 글과 강의, 인터뷰 내용을 종합하여 정리한 결과다.

나의 금융 역량이 어느 수준인지, 우리 생활 속에서 금융이 얼마나 중요한 위치를 차지하고 있는지, 돈에 관한 인식을 되새기면서 그동안 소홀히 여겨 왔던 금융 생활의 비밀을 풀어 보자. 그러다 보면 부자가 되는 길에 들어서게 될 것이다.

한국인 3명 중 2명은 금융문맹, 당신은?

STUDY 1

금융 이해력은
생존의 **필수** 요소

　빠르게 변화하는 시장경제의 시대에 살면서도 금융 개념
이 없는 사람이 의외로 많다. 2015년 말 국제 신용평가 기관인 스탠
더드앤드푸어스(S&P)가 조사한 결과에 따르면, 아시아 성인 대부분
이 핵심적인 금융 개념을 잘 모르는 것으로 나타났으며, 구체적으로
우리나라의 경우 33%만이 금융문맹이 아닌 것으로 나타났다. 대한
민국 성인 셋 중 둘은 금융문맹이라는 얘기다.

　사회생활의 80%가 경제생활이고, 이 중 절반가량이 금융과 관련
되어 있는데도 사람들은 금융 관련 지식이 부족하거나 잘못된 경제
습관을 가지고 있는 경우가 많다. 행복한 삶을 위해 돈을 어떻게 관
리하고 사용해야 하는지를 가르치는 일은 매우 중요한 교육이다. 선
진국에서는 이미 공교육을 통해 어릴 때부터 금융 교육을 실시하고

있지만, 우리나라에서는 체계화된 금융 교육이 아직 이루어지지 않고 있는 실정이다.

그러다 보니 이것저것 알고 있는 금융 상식은 많은 것 같지만, 실제로 그 상식을 어떤 때, 어떻게 활용해야 할지 몰라 막상 돈과 관련한 결정을 해야 할 때는 우왕좌왕하는 경우가 많다. 대체로 자신의 상황을 제대로 파악하지 못하는 경우다.

소득의 규모는 정확히 어느 정도인지, 한 달 동안 쓰는 돈의 구체적 항목은 어떻게 되는지, 미래를 생각할 때 지금 당장 얼마를 쓰고 얼마를 모아야 하는지, 어떤 방법으로 모으는 것이 적절한지에 관해 구체적으로 따져 보지 않은 채 그저 되는 대로 살아가는 것이다.

경제문제에 관심도 없으면서
부자가 되려는 사람들

많은 사람이 투자를 하면서도 경제에 대한 공부를 하지 않는다. 경제 현상에는 관심이 없으면서 주식이나 부동산 투자로 쉽게 돈을 벌 수 있을 것이라 생각하는 것이다. 사람들은 대부분 부자 되기를 원하고, 마음먹은 대로 돈 쓰기를 바라지만 생각대로 성공하는 사람은 많지 않다. 이들은 자신을 금융문맹이라고 생각하지 않는다. 그러나 금융문맹은 고도로 정보화된 현대 자본주의 사회가 낳은 새로운 형태의 문맹으로서, 누구도 비켜 갈 수 없는 경제생활의 암초가 되고 있다. 빠르게 변화하는 경제 환경 속에서 생존하기 위해서는 올바른 금융 마인드와 금융 감각을 갖추어야 한다.

금융에 대한 무지는 생활에 불편을 주고 삶의 질을 저하시키는 주요인이 된다. 금융문맹은 개인적인 차원에 그치지 않고 빈부 격차 심화, 성장 기반의 약화 등으로 경제 위기의 근본적인 원인이 되고, 경제문제를 뛰어넘어 가정을 와해시키고 사회의 질서를 파괴하는 사회문제로까지 확산된다. 일상생활에서 금융의 비중이 커지고 있지만, 돈의 소중함과 관리 방식을 모르는 사람들이 늘고 있는 것이다.

우리 사회의 금융 문제는 심각하다. 날로 늘어나는 가계 부채 문제가 그렇고, 1년에 백만 명 가까이 양산되는 신용불량자 문제가 또한 그것을 입증한다. 세계가 부러워하던 저축 중심의 고도성장 국가가 부채 중심의 저성장, 금융문맹 국가가 되어 버렸다.

금융 용어를 아는 것과
금융 이해력은 별개

아무리 많이 벌어도 제대로 쓰지 못하면 불행한 삶을 살 수밖에 없다. 갖고 있는 통장의 수가 많다고 해서, 예·적금, 주식 투자나 펀드, 파생금융상품의 구조를 잘 안다고 해서 금융 이해력이 높은 것은 아니다. 어려운 금융 용어를 안다고 해서 금융 이해력이 높은 것도 아니다. 그런 용어를 몰라도 금융 생활을 하는 데 아무런 지장이 없다. 문제는 금융 계획을 제대로 세울 줄 아는가, 수입과 지출을 적절히 관리하고 있는가, 수익과 손실 즉, 저축과 투자, 신용과 대출, 보험의 원리를 올바로 알고 있는가 등 생활 속에서 경제적인 사고를 실천하고 있느냐다.

돈이란 인간의 경제적 욕구를 실현하기 위한 도구이기에, 돈을 얼마나 갖고 있느냐보다 얼마나 유용하게 쓸 줄 아느냐에 따라 그 사람의 경제적 능력이 좌우된다.

이제는 누구나 스스로가 멘토가 되어 생활에 밀착된 금융 이해력을 키워야 할 때다. 삶의 다양한 시점에서 어떤 모습으로 살아가야 할 것인지, 언제 돈이 가장 많이 필요하고 언제 돈을 모을 것인지 계획을 세우고, 그 계획을 제대로 지키며 사는지를 확인할 필요가 있다. 금융 이해력은 우리 미래에 대한 투자이며, 생존의 필요조건이다.

STUDY 2

당신의 **금융 이해력**
측정하기

다음 문제들은 금융감독원이 우리나라 성인들의 금융 이해력을 알아보기 위해 OECD의 가이드라인에 맞추어 만든 것이다.

돈에 대한 당신의 행동과 인식

문제 1. 다음은 돈에 관한 행동이나 태도를 설명한 것으로 맞고 틀린 답이 있는 것이 아니다. 설명 내용에 얼마나 동의하는지 응답하면 된다. 1점은 전혀 동의하지 않는 경우이며, 5점은 전적으로 동의하는 경우다.

문 항		전혀 그렇지 않다	그렇지 않다	보통	그렇다	매우 그렇다	모르 겠다
소득과 지출	1-1. 상품을 구매하기 전에 돈의 여유가 있는지 늘 확인하는 편이다.	1	2	3	4	5	0
	1-2. 청구대금(공과금, 아파트관리비, 카드 대금 등)은 정해진 기일에 납부한다.	1	2	3	4	5	0
재무 설계	1-3. 평상시 나의 재무 상황을 면밀히 점검 하는 편이다.	1	2	3	4	5	0
	1-4. 돈에 관한 장기 목표가 있으며, 목표를 이루기 위해 노력하는 편이다.	1	2	3	4	5	0
	1-5. 노후를 대비해서 경제적 준비를 충분히 하고 있다.	1	2	3	4	5	0
금융 거래	1-6. 대출을 받기 전에 나중에 갚을 수 있는지 먼저 따져 보고 결정한다.	1	2	3	4	5	0
	1-7. 금융 상품 가입 시, 주요 내용과 위험성을 꼼꼼히 살펴본다.	1	2	3	4	5	0
	1-8. 금융거래 시, 개인정보가 유출되지 않도록 철저히 관리하는 편이다.	1	2	3	4	5	0
합계							

이 문제들은 당신이 금융문맹의 기질을 갖고 있는지를 진단해 볼 수 있는 기본적 성향에 관한 문제다. 우선 점수를 매겨 보자.

만약 40점 만점 중에서 30점 이상이 나왔다면 당신은 금융문맹이 아니다. 오히려 멘토급이다. 주변 사람들에게 금융 생활을 컨설팅해 줄 수 있을 정도의 잠재적 실력자다.

30점까지는 아니지만 25점 이상이 나왔더라도 합리적인 금융 생활을 하고 있는 셀프 리더다.

25점 미만은 아슬아슬하다. 어떤 문항에서 점수가 낮아졌는지 다시 한 번 생각해 보자.

20점 미만은 심각하다. 금융문맹이라고 할 수 있다. 자기의 문제를 스스로 진단하고 고쳐 나가도록 노력해야 한다.

이 책을 잘 읽고 정리해 둔다면 다들 합리적인 금융 마인드를 지닌 금융 생활 성공자가 될 수 있을 것이다.

30점 이상   → 멘토급 자질 보유자

30점 미만~25점 이상   → 합리적 금융 생활자

25점 미만~20점 이상   → 아슬아슬, 주의 필요

20점 미만   → 심각한 문제 보유자, 본격 조정 필요

우리나라 사람들은 대개 미래를 대비한 재무 설계가 충분하게 이루어지지 않고 있는 것으로 나타났다. 조사 결과 '매우 그렇다'와 '그렇다'를 더한 긍정적 응답률은 다음과 같다. 자신의 경우와 한번 비교해 보자. 나는 우리나라 성인의 평균 안에 포함되는가, 그렇지 않은가.

문항	긍정적 응답률
1-1. 상품을 구매하기 전에 돈의 여유가 있는지 늘 확인하는 편이다.	75.4%
1-2. 청구대금(공과금, 아파트관리비, 카드대금 등)은 정해진 기일에 납부한다.	77.7%
1-3. 평상시 나의 재무 상황을 면밀히 점검하는 편이다.	52.0%
1-4. 돈에 관한 장기 목표가 있으며, 목표를 이루기 위해 노력하는 편이다.	52.9%
1-5. 노후를 대비해서 경제적 준비를 충분히 하고 있다.	61.2%
1-6. 대출을 받기 전에 나중에 갚을 수 있는지를 먼저 따져 보고 결정한다.	71.1%
1-7. 금융 상품 가입 시, 주요 내용과 위험성을 꼼꼼히 살펴본다.	62.8%
1-8. 금융거래 시, 개인정보가 유출되지 않도록 철저히 관리하는 편이다.	59.7%

(문제 1)에 대해 긍정적 응답률을 보인 결과

문제 2. 지난 1년간 매달 버는 돈으로 생활비를 충당하지 못하는 경우가 있었나 생각해 보자. 충당해 왔다면 당신도 역시 금융 생활에 성공하고 있는 사람이다. 그러나 번 돈으로 생활비를 충당하지 못한 경우가 있었다면 성공은 멀어진다. 생활비가 부족했다면 당신은 다음의 항목 중에서 어떻게 부족분을 메웠나? (복수 선택 가능)

항목	세부 항목
① 돈을 더 벌어서 충당	1. 초과근무나 부업을 함
② 보유하고 있던 자금 및 자산으로 충당	2. 지출을 줄임 3. 보유 자산을 처분 4. 예금 등 저축한 자금을 인출
③ 주변에서 빌리거나 저축 상품을 해지	5. 가족이나 친구로부터 자금이나 식료품 등을 빌림 6. 고용주(회사)에게 빌리거나 봉급에서 미리 받음 7. 보유 자산을 전당 잡혀 돈을 빌림 8. 계모임 등의 단체를 활용하여 돈을 빌림 9. 기존의 주택담보대출에서 추가로 돈을 빌림 10. 연금저축 등을 해지하거나 이를 활용하여 대출을 받음
④ 신용 사용	11. 마이너스 통장이나 신용대출 12. 신용카드를 사용하여 물품을 구매하거나 현금서비스를 받음
⑤ 정상적인 신규 대출	13. 은행, 신협 등 금융기관으로부터 새로 대출을 받음 14. 급여를 담보로 단기 대출을 받음 15. 대부업자 등으로부터 대출을 받음
⑥ 지불해야 할 대금을 늦게 지불하거나 대출 한도를 초과	16. 승인된 한도를 초과하여 돈을 빌림 17. 대금을 늦게 지불하거나 지불하지 않음

①이나 ②에 응답했다면 당신은 상대적으로 좋은 금융 습관을 지닌 사람이다. 소득의 범위 내에서 소비지출을 하도록 조금만 노력하면 돈 걱정 없이 살 수 있다.

③이라고 응답한 사람들은 아슬아슬하다. 자칫 잘못하면 빚의 유혹에 빠지기 쉽다. 무엇보다도 욕구를 통제해야 한다. 소비지출에 무

슨 문제가 있는지 진단하고, 줄일 수 있는 것은 줄여 나가려고 노력해야 한다. 빚은 빚을 부르게 되어 있다.

④, ⑤, ⑥에 해당되는 당신은 금융문맹의 기질이 농후하다. 본격적인 가계 구조조정이 필요한 위기 상황이다. 우리나라 전체의 4분의 1이 넘는 가계가 이 상황이다. 매달 많든 적든 빚으로 생활비를 메운다. 버는 돈에 비해 과다한 소비 항목이 있는지 체크하라. 남이 한다고 따라 하다가는 비참한 최후를 맞게 된다.

금감원 조사 결과 우리나라 사람 중 69.2%는 매달 번 돈으로 그달의 생활비를 충당하고 있는 것으로 나타났다. 그러나 30%가 넘는 사람들은 생활비가 모자랐다.

생활비가 모자라는 경우의 해결 방법(복수로 응답)으로는 저축 자금 인출 49.2%, 지출 축소 44.3%, 신용카드 사용 29.5%, 마이너스 통장 등 신용대출 22.1%, 대금을 늦게 지불하는 경우 16.8%, 초과근무나 부업 10%, 보유 자산 처분 1.5%, 그 외에 돈을 빌려서 해결하는 경우는 40%에 달했다. 나는 어디에 해당되는가?

문제3. 만약 지금 당장 돈을 벌 수 없게 되면, 돈을 빌리거나 이사를 가지 않고 얼마 동안이나 버틸 수 있을까?

    ① 1주일 미만

    ② 1주일 이상 1개월 미만

    ③ 1개월 이상 3개월 미만

④ 3개월 이상 6개월 미만

⑤ 6개월 이상

직장을 잃거나 사업에 실패해서, 건강 문제로 돈을 벌 수 없게 되었을 때 재기하는 데 필요한 최소한의 기간은 일반적으로 6개월 정도라고 한다. 6개월 이상 버틸 수 없다고 응답했다면 당신은 위기의식을 가져야 한다. 그만큼의 비상 자금을 만들어 놓지 않았다면 당신은 금융 생활에 실패할 가능성이 농후하다. 3개월 이상 6개월 미만이라고 답한 당신은 조금만 더 노력하자. 비상 자금의 중요성을 인식해야 한다. 1개월 이상 3개월 미만이라고 답했더라도 아직 늦지 않았다. 스스로 자신의 생활을 진단해 보고 문제점을 찾아보자.

습관은 바로 바뀌지 않는다. 끊임없는 노력이 필요하다. 1개월 미만이라고 답했다면 위험한 상태다. 완전한 금융문맹의 소질을 지니고 있다. 소비생활을 근본적으로 바꾸기 위한 특단의 조치가 필요하다. 온 가족의 공동 노력은 필수다.

금감원 조사 결과, 우리나라 사람들은 소득 없이 6개월 이상 버틸 수 있다고 응답한 경우가 35%, 3개월 이상 6개월 미만 20.7%, 1개월 이상 3개월 미만 23.1%, 1주일 이상 1개월 미만 9.4%, 1주일 미만도 2.2%인 것으로 나타났다. 모른다고 답하거나 응답을 거부한 사람을 포함하면 무려 65%에 이르는 사람들이 비상사태에 관한 대비가 제대로 이루어지지 않고 있는 것이다.

돈에 관한 당신의 태도

문제 4. 다음의 문항을 읽고 해당하는 부분에 체크해 보자. 돈에 관한 태도도 금융문맹인지의 여부를 구분하는 중요한 잣대가 된다. 미래지향적이고 건강한 태도를 가진 사람들이 높은 금융 역량을 지니게 되기 때문이다.

	문 항	매우 동의	동의	보통	부정	매우 부정	모르 겠다
미래 대비	4-1. 현재를 위해 살고 미래에 대해서 는 걱정하지 않는 편이다.	1	2	3	4	5	0
저축과 소비	4-2. 돈은 장기간 저축하는 것보다는 바로 쓰는 것이 더 좋다.	1	2	3	4	5	0
돈의 가치	4-3. 돈은 쓰기 위해 존재하는 것이다.	1	2	3	4	5	0
신용 구매	4-4. 상품을 구매할 때 현금보다 신용 구매(신용카드)를 선호한다.	1	2	3	4	5	0
	합 계						

점수를 매겨서 20점 만점에 15점 이상이 나왔다면 당신은 좋은 태도를 지닌 사람이다. 어떤 경우가 닥치더라도 돈 때문에 위험에 빠질 염려는 하지 않아도 좋다.

그러나 10점 미만이라면 주의하자. 지금은 형편이 좋아도 언제까지 돈 걱정하지 않고 살라는 법이 없다. 지금이라도 늦지 않았다. 내 생활을 한번 되돌아보고 어떤 태도가 문제인지 바로잡아 보자.

금감원 조사 결과 우리나라 사람들은 돈에 관한 태도에서 문제가 매우 많은 것으로 나타났다. 이 문항에서는 매우 부정과 부정에 답한 사람들이 수준 높은 태도를 지닌 것이고, 매우 긍정과 긍정에 답한 사람들은 금융문맹에 가까운 사람들이다.

특히 돈은 쓰기 위해 존재하는 것이라고 생각해 미래를 대비하는데 소홀하거나, 상품을 구매할 때 현금보다는 신용카드를 선호하여소비 욕구를 통제하기 위한 장치를 갖추지 못한 경우가 5분의 4에해당하는 등 전 국민적 의식 개혁 운동이 필요한 것으로 나타났다.

문항	금융문맹에 가까운 답을 한 응답률
4-1. 현재를 위해 살고 미래에 대해서는 걱정하지 않는 편이다.	58.0%
4-2. 돈은 장기간 저축하는 것보다는 바로 쓰는 것이 더 좋다.	41.3%
4-3. 돈은 쓰기 위해 존재하는 것이다.	20.6%
4-4. 상품을 구매할 때 현금보다 신용 구매(신용카드)를 선호한다.	23.2%

(문제 4)에 대한 조사 결과

금융에 대한 당신의 이해 정도

문제 5. 다섯 명의 형제가 함께 일해서 총 1,000만 원을 벌었다고할 때 형제들이 똑같이 돈을 나누면 한 사람 당 얼마씩 받게 되나?
    답 : _____ 원

문제 6. 물가상승률이 3%일 때 1년 후에 살 수 있는 물건의 양은 지금과 비교해서 어떻게 될까?

    ① 지금보다 더 많은 물건을 살 수 있음
    ② 동일한 양의 물건을 살 수 있음
    ③ 지금보다 살 수 있는 물건이 줄어듦
    ④ 사려는 물건의 종류에 따라 다름

문제 7. 친구에게 250만 원을 빌려주고 다음 날 250만 원을 돌려받았다면 받은 이자는 얼마일까?

    답 : _____ 원

문제 8. 100만 원을 연이율 2%의 저축성예금에 저축한 후 추가적인 입금과 출금이 없었다면 1년 뒤에는 얼마가 되나?

    답 : _____ 원

문제 9. 100만 원을 연이율 2%의 복리이자로 5년 동안 저축해 두면 5년 후에 얼마가 되나?

    ① 110만 원 초과
    ② 정확히 110만 원
    ③ 110만 원 미만
    ④ 주어진 정보로는 계산 불가능

문제 10. 다음 설명이 맞으면 O, 틀리면 X에 체크하자.

구 분	O	×
10-1. 높은 인플레이션(물가상승)율은 생활비가 빠르게 증가한다는 것을 의미한다.		
10-2. 여러 가지 종류의 주식에 분산 투자할 경우 투자위험을 감소시킬 수 있다(돈을 여러 곳에 투자하면 돈을 전부 잃을 가능성이 낮아진다).		
10-3. 수익률이 높은 투자 상품은 상대적으로 큰 위험을 수반한다.		
10-4. 예금은 원금이 보장된다.		
10-5. 금융 투자 상품은 원금이 보장된다.		

문제 11. 다음 중 예금자보호 대상 상품은 무엇인가?

① 증권회사의 수익증권
② 저축은행의 정기적금
③ 보험회사의 변액보험
④ 은행의 양도성예금증서

문제 12. 다음 중 금융 사기를 예방할 수 있는 방법은?
① 직장에서 신원 확인을 위해 공인인증서, 보안카드, 핸드폰 등을 요구할 때는 이를 제출한다.
② 낯선 사람이 보낸 이메일이나 문자메시지의 인터넷 링크로는 절대 접속하지 않는다.
③ 대출 모집인에게 중개수수료를 지급한다.
④ 생활정보지의 '고수익 보장' 광고를 보고 투자한다.
⑤ 잘 모르겠다.

문제 13. 다음은 개인의 신용정보 및 신용등급에 관련된 설명이다. 맞으면 O, 틀리면 X에 체크하자.

구분	O	×
13-1. 인터넷이나 전화 등을 통해서 대출을 받으면 신용등급이 낮아질 수 있다.		
13-2. 대출이나 신용카드 등을 쓰지 않는 것이 신용등급에 유리하다.		
13-3. 대출은 갚을 수 있는 수준만 받도록 한다.		
13-4. 여러 금융회사보다 주거래 금융회사를 이용하는 것이 유리하다.		
13-5. 타인에 대한 보증은 신용등급 평가에 반영되지 않는다.		
13-6. 결제시 자동이체 계좌를 이용하면 연체를 방지할 수 있다.		
13-7. 연락처가 변경되면 금융회사에 반드시 알려 주는 것이 좋다.		
13-8. 소액연체는 신용등급에 영향을 주지 않는다.		
13-9. 여러 건을 연체한 경우 오래된 것부터 상환하는 것이 유리하다.		
13-10. 자신의 신용등급을 자주 확인하여 신용등급을 관리하는 것이 바람직하다.		

여기에 나오는 모든 문제는 금융 생활을 할 때 몰라서는 안 되는 매우 기초적인 내용을 담고 있다. 2014년의 조사 결과 이 기초 문제에 대해 우리나라 성인들은 100점 만점에 78.8점을 맞은 것으로 나타났다. 남자(79.9점)가 여자(77.7점)보다 약간 점수가 높았다. 남자가 여자보다 경제활동을 많이 하고 있는 까닭이라고 할 수 있다.

연령별로는 나이가 들수록 점수가 꾸준히 높아지다가 65세 이상의 경우 점수가 20점 가까이 뚝 떨어졌다. 은퇴를 하고 나면 급변하는 금융 환경에 제대로 적응하기 어렵다는 반증이다.

금융 지식 중에서는 신용 부채 관리에 관한 점수가 가장 낮은 것으로 나타났다. 가계 부채가 걱정될 정도로 늘어나고, 특히 소비지출 액수 가운데 신용카드 사용 비중이 월등히 높았는데, 이는 돈에 관한 통제가 잘 되지 않는 우리 실정을 그대로 보여 준다. 다음의 정답률을 보고 내 수준과 비교해 보자.

● 정답 및 정답률

문제 5. 다섯 명의 형제가 함께 일해서 총 1,000만 원을 벌었다고 할 때 형제들이 똑같이 돈을 나누면 한 사람 당 얼마씩 받게 되나?

정답: 200만 원 (정답률 94.5%)

문제 6. 물가상승률이 3%일 때 1년 후에 살 수 있는 물건의 양은 지금과 비교해서 어떻게 될까?

① 지금보다 더 많은 물건을 살 수 있음
② 동일한 양의 물건을 살 수 있음
③ 지금보다 살 수 있는 물건이 줄어듦
④ 사려는 물건의 종류에 따라 다름

정답: ③과 ④ 모두 해당 (정답률 85.2%)

문제 7. 친구에게 250만 원을 빌려주고 다음 날 250만 원을 돌려받았다면 받은 이자는 얼마일까?

정답: 이자 없음 (정답률 93.7%)

문제 8. 100만 원을 연이율 2%의 저축성예금에 저축한 후 추가적인 입금과 출금이 없었다면 1년 뒤에는 얼마가 되나?

정답: 102만 원 (정답률 68.4%)

문제 9. 100만 원을 연이율 2%의 복리이자로 5년 동안 저축해 두면 5년 후에 얼마가 되나?

① 110만 원 초과
② 정확히 110만 원
③ 110만 원 미만
④ 주어진 정보로는 계산 불가능

정답: ① (정답률 57.5%)

문제 10. 다음 설명이 맞으면 O, 틀리면 X에 체크하자.

문 제	정답	정답률
10-1. 높은 인플레이션(물가상승)율은 생활비가 빠르게 증가한다는 것을 의미한다.	O	87.7%
10-2. 여러 가지 종류의 주식에 분산 투자할 경우 투자위험을 감소시킬 수 있다(돈을 여러 곳에 투자하면 돈을 전부 잃어버릴 가능성이 낮아진다).	O	84.1%
10-3. 수익률이 높은 투자 상품은 상대적으로 큰 위험을 수반할 것이다.	O	89.1%
10-4. 예금은 원금이 보장된다.	O	82.2%
10-5. 금융 투자 상품은 원금이 보장된다.	X	69.2%

문제 11. 다음 중 예금자보호 대상 상품은 무엇인가?

① 증권회사의 수익증권
② 저축은행의 정기적금
③ 보험회사의 변액보험
④ 은행의 양도성예금증서

정답: ② (정답률 67.7%)

문제 12. 다음 중 금융 사기를 예방할 수 있는 방법은?

① 직장에서 신원 확인을 위해 공인인증서, 보안카드, 핸드폰 등을 요구할 때는 이를 제출한다.
② 낯선 사람이 보낸 이메일이나 문자메시지의 인터넷 링크로는 절대 접속하지 않는다.
③ 대출 모집인에게 중개수수료를 지급한다.
④ 생활정보지의 '고수익 보장' 광고를 보고 투자한다.
⑤ 잘 모르겠다.

정답: ② (정답률 83.3%)

문제 13. 다음은 개인의 신용정보 및 신용등급에 관련된 설명이다. 맞으면 O, 틀리면 X에 체크하자.

문 제	정답	정답률
13-1. 인터넷이나 전화 등을 통해서 대출을 받으면 신용등급이 낮아질 수 있다.	O	54.5%
13-2. 대출이나 신용카드 등을 쓰지 않는 것이 신용등급에 유리하다.	X	39.6%
13-3. 대출은 갚을 수 있는 수준만 받도록 한다.	O	91.5%
13-4. 여러 금융회사보다 주거래 금융회사를 이용하는 것이 유리하다.	O	80.8%
13-5. 타인에 대한 보증은 신용등급 평가에 반영되지 않는다.	X	50.6%
13-6. 결제 시 자동이체 계좌를 이용하면 연체를 방지할 수 있다.	O	83.1%
13-7. 연락처가 변경되면 금융회사에 반드시 알려 주는 것이 좋다.	O	86.8%
13-8. 소액 연체는 신용등급에 영향을 주지 않는다.	X	59.9%
13-9. 여러 건을 연체한 경우 오래된 것부터 상환하는 것이 유리하다.	O	62.9%
13-10. 자신의 신용등급을 자주 확인하여 신용등급을 관리하는 것이 바람직하다.	O	65.1%

STUDY 3

시대의 흐름이
바뀌고 있다

'저축만이 살 길'에서 '가계 부채 위기'의 시대로

제2차 세계대전이 끝나고 UN은 세계 120여 개 국가 또는 지역을 대상으로 어느 나라 국민들이 어느 정도나 살고 있는지 조사한 적이 있다. 그 결과 우리 남한은 세계에서 인도 다음으로 못사는 나라였다. 그 후 이어진 1950년 6·25전쟁으로 상황은 더욱 악화되어 당시 우리나라의 1인당 국민소득은 70달러 미만으로, 케냐나 우간다 같은 아프리카 국가로부터 식량 원조를 받아야 할 정도였다.

그러나 휴전이 이루어진 1953년부터 채 4년이 걸리지 않아 전쟁 전 상태로 국토의 대부분을 복구하였다. 고도성장을 이룰 수 있는 첫 번째 조건을 마련했던 것이다.

UN 각국이 보내 주던 무상 원조품, 잉여 농산물이나 구제 의류들을 시장에 내다 팔아 국가 재정을 충당하던 시절에 의무교육을 실시하여 기초교육을 받은 인력 양성의 기틀을 마련했다. 고도성장의 두 번째 조건이 갖추어진 것이다.

그러나 무엇보다도 못 먹고 못살아 세금 낼 돈조차 없던 국민들이 근검절약하여 돈을 저축했기에 경제적 기적을 이룰 수 있는 자본 축적이 가능했다. 그러던 것이 외환위기를 거치면서 저축보다는 소비에 더 큰 관심이 쏠렸고, 정부가 앞장서서 '소비가 미덕'이라는 구호를 내걸고 소비 진작을 위해 앞장섰다. 만 불 소득을 이루기까지 허리띠를 졸라 매었으니, 이제 여유 있는 소비생활을 할 때가 왔다는 것이었다. 매스컴은 연일 샴페인을 너무 일찍 터트린다고 경고했지만 정부는 눈을 감았다.

아시아 각국에 몰아닥친 외환위기의 여파로 저금리 사회가 오면서 저축보다 원금 손실의 위험이 큰, 고수익 금융 투자가 국민들의 관심을 끌었다. 한편으로는 정부의 신용카드 확산 정책으로 신용 소비 풍조가 만연하게 되었다. 아시아의 모범적 저축 국가가 신흥 소비 국가로 바뀌게 된 것이다.

그리고 이제는 저축만이 살 길(1970~80년대)에서 소비가 미덕인 시대(90년대)를 지나, 저금리로 인한 금융 투자 시기(2000년대 초반)와 신용 버블 시대(2000년대 중반)를 거쳐, 가계 부채가 만연하여 가계의 구조조정이 필요한 변혁기를 맞게 된 것이다.

변화를 읽지 못하면 실패한다

　무조건 아끼고 저금하면 부자가 되던 시대는 이제 지났다. 쓸 때는 쓰고, 모을 때는 모을 줄 알아야 잘사는 부자가 된다. 생애주기를 고려해야 하는 것이다. 안전하게 금융 투자하는 방법도 알아야 하고, 어떤 빚이 좋은 빚이고 나쁜 빚인지 따져서 빚을 활용할 줄도 알아야 한다. 언제 닥칠지 모르는 위험에도 대비해야 한다. 그러기 위해서는 돈에 대해 책임과 의무를 다하는 금융 마인드를 갖추어야 한다.

　개인이든 조직이든 확고한 목표를 세우고 필요한 능력과 추진력을 갖추어야 무엇에든 성공할 수 있다. 여건이 갖추어졌음에도 실패한다면 시대의 흐름, 즉 환경의 변화를 제대로 읽지 못한 결과다.

　국제적 기업인 모토롤라의 대표 상품 스타텍을 생각해 보자. 스타텍은 아날로그 시대에 휴대통신의 대표 주자로 전 세계 휴대폰 시장을 장악했던 최고의 명품이었다. 불과 10여 년 전의 일인데도 지금은 그 이름을 기억하는 사람조차 드물다. 아날로그에서 디지털 시대로 진입하는 시대의 흐름을 제대로 읽지 못한 모토롤라는 핀란드의 휴대폰 회사 노키아에게 휴대폰 시장 1위 자리를 내어 주고 말았다. 그러나 그것도 잠깐, 지금은 애플이나 삼성이 세계 휴대폰 시장을 석권하고 있는 실정이며, 중국의 기업들도 무서운 속도로 스마트폰 시장을 장악해 가고 있다. 일본 기업들도 다시 한 번 세계 일류의 영예를 되찾으려 안간힘을 쓰고 있다. 변화를 읽고 제대로 대응하는 자만이 살아남는 세상인 것이다.

우리도 돈 문제로부터 자유로워지려면 시대의 흐름을 읽으려 노력해야 한다. 금융이 지배하는 오늘의 글로벌 사회에서는 금융 이해력이 생존의 필수 요건이다. 시대의 흐름을 읽지 못해, 시시각각 변하는 금융 상황에 그때그때 대응하지 못한다면 아무리 그럴듯한 비전을 세우고 온갖 스펙을 갖춘다 하더라도 성공의 길은 우리에게서 멀어져만 갈 것이다.

핀테크 열풍

핀테크는 금융을 뜻하는 파이낸셜(financial)과 기술을 뜻하는 테크놀로지(technology)의 합성어로, 인터넷과 모바일을 활용하여 송금, 결제, 자산 관리, 펀딩 등 다양한 분야의 금융 서비스를 제공하는 것을 뜻한다.

IT 분야가 급속하게 발전하면서 금융 서비스도 놀라운 속도로 진화하고 있다. 이제는 인터넷 뱅킹이나 모바일 뱅킹 등의 서비스를 금융회사가 아닌 IT 기업이 제공하는 추세로 바뀌는 것이다. 예를 들어 구글월렛, 애플페이, 삼성페이, 카카오페이 등이다.

핀테크 기업들은 스마트폰 위주의 모바일 단말기에 기반한 서비스, 빅데이터 분석을 통한 재무 관리와 신용 리스크 평가 등으로 기존의 금융기관보다 낮은 비용으로 금융 서비스를 제공한다. 또한 결제 서비스에서도 스마트폰을 활용한 접근성과 기술적인 이점으로 편의성, 보안성을 갖췄다.

핀테크의 기능 중 편리하게 이용되는 것이 지급 결제다. 핀테크는 카드 정보, ID, 비밀번호, 공인인증서 등의 정보 없이 보다 간편하게 패스워드만 입력하면 결제가 완료된다.

핀테크는 송금 및 입금, 인출 기능도 편리하다. 은행 앱이나 은행 홈페이지에 접속하면 보안 프로그램들이 많이 깔려 번거로운데, 핀테크는 보안카드 없이 패스워드만 입력하면 이체가 가능하다.

또한 핀테크는 기존 금융권보다 대출을 받을 수 있는 문턱이 낮다. 기존의 대출 서비스는 금융기관에서 돈을 대출해 주는 것이었지만, 핀테크는 P2P 방식으로 투자자와 대출 희망자, 즉 개인과 개인이 연결되기 때문이다.

핀테크 시장은 금융 강국인 미국과 유럽을 중심으로 투자의 규모가 점점 커지고 있다. 금융은 네트워크로 연결되어 있다. 금융회사의 서비스를 가운데 두고 이용자가 서로 연결되어 있는 것이다. 서비스 공급자 측면에서는 금융이 산업이지만, 이용자 측면에서는 자금 순환 과정이다. 그런데 우리 사회는 너무 오랫동안 금융을 공급자 측면에서만 이해해 왔다. 이제는 우리, 서비스 이용자 측면에서 금융을 바라보아야 할 때이다. 어떻게 하면 우리 돈을 잘 관리해 주고, 우리가 저지르기 쉬운 실수들을 잘 보완해 주며, 우리가 떠안을 수밖에 없는 위험 요소를 줄여 주느냐에 초점을 맞추어야 하는 것이다.

핀테크는 더욱더 돈 쓰기 쉬운 세상을 만들고 있다. 여기에 사물 인터넷까지 접목되고 나면 우리는 욕구를 통제할 겨를 없이 생각과

동시에 구매가 이루어지는 초 간단 소비시대를 맞게 된다. 눈으로 보는 것만으로도 신용구매가 이루어지는, 무서울 만큼 돈 쓰기 편한 세상을 맞게 되는 것이다.

레드 퀸 이펙트

'레드 퀸 이펙트'라는 말이 있다. 우리말로는 '붉은 여왕 효과'다. 붉은 여왕은 우리가 잘 알고 있는 영국의 동화《이상한 나라의 앨리스》의 속편 격인《거울나라의 앨리스》에 등장하는 인물이다. 거울나라를 방문한 앨리스에게 붉은 여왕은 제자리에 있고 싶으면 죽도록 뛰라고 한다. 그 이유는 붉은 여왕의 나라에서는 주변 세계도 함께 움직이기 때문에 열심히 뛰어도 좀처럼 몸이 앞으로 나아갈 수 없기 때문이다. 앨리스가 뛰지 않으면 제자리를 지킬 수 없었던 것이다.

이 원리는 경제생활에도 그대로 적용된다. 우리는 열심히 살고 있는데, 잘해야 제자리고, 아차 하는 순간 경쟁에서 저 뒤로 밀려나기 쉽다. 세상은 점점 더 빠른 속도로 변해 가고 있으며, 변화에 적응하지 못하면 뒤로 밀려난다.

농경사회가 진행된 수천 년 동안의 변화보다 산업혁명 이후 수백 년간의 변화가 더 컸고, 산업사회 이후의 수백 년보다 고도 정보화 사회가 진행되고 있는 지금 십수 년의 변화가 더 크다고 한다. 이 변화의 한가운데에 금융 생활의 변화가 자리 잡고 있다. 그 변화에 적응하는 사람만이 변화의 혜택을 누릴 수 있다. 돈 쓰기 쉬운 사회가 빠른 속도로 다가와 있는 이 시점에 돈 쓰고 싶은 욕구를 적절하게 통제하지 않으면 돈은 우리 주머니에서 더 빨리 새어 나가게 된다. 금융 마인드가 그만큼 중요해진 것이다.

생각만 한다고 모든 것이 해결되는 것이 아니다. 아는 것은 힘이 되지 않는다. 나는 내 금융 생활의 주인공인가, 조연인가. 돈 쓰기 쉬운 세상이 되었다고 쉽게 돈을 쓰고 있지 않은가. 그 돈을 지켜서 안정된 생활을 누리려면 대비가 필요하다. 우리가 더 빠른 속도로 바뀌어야 한다.

돈 쓰기가 편해지면 버는 것보다 더 쓰는 풍조가 만연하게 된다. 빚 내서라도 돈을 쓰게 되는 것이다. 빚으로 고통받지 않으려면 돈 쓰고 싶은 욕구를 통제해야 한다. 생각만으로는 통제가 안 된다. 통제 장치를 갖추어야 한다.

PART 02

부자 공부보다 먼저
해야 할 금융 공부

STUDY 4

금리란 일정 기간 동안
돈을 빌려 쓴 가격

금리는 일정 기간의 이자를 원금으로 나눈 비율이다. '이자율'이라고도 한다. 이자는 돈을 빌린 사람이 돈을 빌려준 사람에게 지불하는 일종의 '사용료'로서, 일정 기간 돈을 빌려 쓴 '가격'이다. 돈을 빌려주는 사람은 지금 당장 소비하고 싶은 욕구를 참은 대가로 이자를 받는다. 결국 금리는 돈이 필요한 사람 즉, 자금 수요자에게는 '이자 부담'을, 돈을 빌려준 사람 즉, 자금 공급자에게는 '수익'을 안겨 주게 된다.

● '명목금리'와 '실질금리'

금리는 물가상승률을 고려하지 않는 '명목금리'와 물가상승률을 감안한 '실질금리'로 나뉜다. 실질금리는 명목금리에서 물가상승률을 뺀 것으로 물가가 오른 만큼 떨어진다. 물가가 오르면 같은 값으로 살 수 있는 재화나 서비스의 양이 줄어들기 때문이다. 물가상승률이 명목금리보다 높아지면, 실질금리는 마이너스가 된다. 그러나 저축의 기본 의미가 미래에 쓰기 위한 돈을 확보하기 위한 것이므로 별다른 투자 수단을 생각하기 어려울 때는 실질금리의 크기에 상관없이 저축하는 것이 좋다.

● '고정(확정)금리'와 '변동금리'

처음 정한 금리가 만기까지 가는 경우는 '고정금리(확정금리)', 시중금리의 움직임에 따라 금리가 변하는 경우는 '변동금리'라고 한다. 최근의 금융 상품에는 변동금리가 많은데, 어떤 것이 유리한지는 그때그때 다르다. 돈을 빌리는 사람 입장에서 생각해 보면, 금리가 하락할 때는 변동금리가, 금리가 상승할 때는 고정금리가 유리하다. 이자 부담이 줄기 때문이다.

● '세전금리'와 '세후금리'

모든 소득에는 세금이 붙는다. 이자수익도 소득이므로 세금이 붙는다. 이자에서 세금을 떼기 전의 금리는 '세전금리', 이자에서 세금을 빼고 난 후 실제로 받게 되는 금리는 '세후금리'다. 일반적으로 이자에는 15.4%의 세금이 붙는다. 금융회사에서 '금리가 몇 %다'라고 말할 때는 세전금리인 경우가 많으므로, 실제로 받게 되는 세후금리를 잘 따질 필요가 있다.

● 복리의 마법

　이자를 계산하는 방법은 원금에 일정 기간의 금리만 적용하는 단리와, 일정 기간마다 이자를 원금에 합쳐 그 합계 금액에 대한 이자를 다시 계산하는 방법인 복리가 있다. 단리는 원금에 대해서만 이자가 붙고, 복리는 원금과 이자를 합한 금액에 또 이자가 붙는 방식이다.

　아인슈타인 박사는 투자 기간이 길어질수록 돈의 가치가 기하급수적으로 늘어나는 '복리'를 '세계의 여덟 번째 불가사의'라며, 인간의 가장 놀라운 발명의 하나로 꼽았다고 한다. 그런데 실제로 복리로 운영되는 예·적금은 찾아보기 어렵다. 금융회사에서 복리를 예·적금에 적용하려면 대출에도 적용해야 하는데, 대출 이자를 제대로 갚지 못할 경우 대출 원금이 엄청난 속도로 빨리 늘어나기 때문에 둘 다 적용하지 않고 있다. 예·적금의 일부 특판 상품에만 복리가 적용되고 있다.

　일반적인 예·적금에서는 복리 상품을 찾기 어렵지만, 이자를 다시 예치하면 복리 효과를 누릴 수 있다. 만기가 돌아올 때마다 원금과 이자를 다시 예치해서 스스로 복리 효과를 만드는 것이다. 예를 들어 1년 만기 적금에 가입하고 1년 후에 찾은 원금과 이자를 고스란히 다시 같은 상품에 재 가입하면 연 복리 효과를 기대할 수 있다.

복리의 힘

    100만 원을 연 10%의 금리로 은행에 2년간 예금할 경우, 만기에 받는 원리금이 단리는 120만 원이지만 복리는 121만 원이다. 1만 원의 차이가 발생한다. 그러나 10년 후에는 그 차이가 59만 원(단리 200만 원, 복리 259만 원)으로 커진다. 단리와 복리의 이자 차이는 시간이 지날수록, 그리고 금리가 높을수록 더욱 큰 폭으로 벌어지게 된다.

단리와 복리 비교

단리에 의한 이자 계산		복리에 의한 이자 계산
110만 원	1년 후	110만 원
120만 원	2년 후	121만 원
130만 원	3년 후	1,331,000원
200만 원	10년 후	2,593,742원

※ 금융감독원 금융소비자 포털사이트 금융 계산기 활용
(http://consumer.fss.or.kr/fss/seomin/service/fun/popup_cal/cal.jsp)

STUDY 5

예금과 적금은
자산 관리의 기본

예금과 적금은 안전한 금융 상품의 기본이며, 재테크의
시작이라 할 수 있는 종잣돈을 원금의 손실 없이 모을 수 있는 중요
한 수단이다. 따라서 두 금융 상품의 특징을 아는 것은 자산 관리의
기본이라 할 수 있다.

경제가 불안정한 시기에는 적금을 통해 종잣돈을 만들고, 적금으
로 모은 돈을 그대로 정기예금으로 옮겨 자산 관리를 하는 안전하고
도 전통적인 자금 운용이 필요할 수도 있다. 또한 금융기관별 금리
비교를 통해 높은 금리의 상품을 찾는 노력도 필요하다. 전국은행연
합회 홈페이지(www.kfb.or.kr)에서 예금, 적금 금리는 물론 대출금리,
은행 수수료까지 각종 비교를 손쉽게 할 수 있다.

● 요구불예금과 저축성예금

　'예금'은 금융회사에 돈을 맡기고 만기가 되면 약정한 이자와 원금을 돌려받는 저축 상품이다. 본격적인 저금리 기조와 함께 다양한 금융 상품이 많이 생겨나면서 예전에 비해서는 관심이 많이 줄어들었지만, 수많은 금융 상품 중에서도 서민들이 애용하는 가장 대표적인 상품이다.

　예금은 크게 '요구불예금'과 '저축성예금'으로 구분된다. 요구불예금은 금융회사의 입장에서 고객(예금주)이 돈을 찾는다고 하면 언제든지 아무 조건 없이 바로 내주어야 하는 예금이다. 예금주는 현금이 든 지갑처럼 쓸 수 있다. 그렇기 때문에 금융회사 입장에서는 수익을 올리기 어렵다. 언제 예금주가 찾아갈지 모르기 때문이다. 따라서 요구불예금은 이자가 거의 없거나 매우 적다(연 0.1~0.2%). 요구불예금 중 가장 대표적인 것이 '보통예금'이다. 자영업자들이 많이 이용하는 '당좌예금'도 대표적인 요구불예금이다.

　'저축성예금'은 금융회사가 예금주로부터 정해진 기간 내에 돈을 빼내지 않겠다는 약속을 받는 상품이다. 예금주가 돈을 언제 얼마나 넣고, 언제 찾을 것인지 미리 알 수 있기 때문에 금융회사가 자유롭게 운용한다. 따라서 요구불예금에 비해 이자가 많이 붙는다. 주의할 점은 미리 약속한 기간을 채우지 못하고 중도 해지하는 경우는 처음 약정했던 이자율보다 낮은 이자를 받게 되며, 예금주가 약속한 기간을 지나서 돈을 찾는 경우에도 돈을 언제 찾을지 모르기 때문에 약정했던 이자율보다 낮은 이자를 받게 된다.

'자유저축예금'은 저축성예금과 요구불예금의 장점을 섞어 놓은 상품이다. 입출금이 자유로운 대신 장기 예치(보통 6개월 이상)할 경우에는 높은 금리를 보장해 준다.

'정기예금'이라고도 부르는 '거치식 예금'은 목돈을 한꺼번에 예치하고 만기가 되면 정해진 이자를 덧붙여 돌려받기 때문에 목돈 불리기에 안성맞춤이다. 만기는 6개월, 1년, 3년 등 다양하게 정할 수 있는데, 만기가 길어질수록 더 높은 금리가 적용된다. 새마을금고, 신용협동조합, 농·수협 지역조합 등에서 판매하는 '정기예탁금'도 거치식 예금의 일종이다.

● 정기적금과 자유적금

'적금'은 푼돈을 모아 목돈을 만드는 '적립식 예금'이다. '정기적금'이란 일정한 기간을 정하고 매달 정해진 날짜에 일정한 금액을 통장에 넣어 목돈을 만드는 예금이고, '자유적금'은 금액이나 날짜를 정하지 않고 돈이 생길 때마다 자유롭게 통장에 넣어 목돈을 만드는 예금이다.

이때 주의할 것 한 가지, 은행에서 제시하는 적금의 금리는 만기 시 받게 되는 실제 이자와 사뭇 다르다. 만기가 되어 찾게 되는 돈 전체에 제시된 금리가 적용되는 것이 아니고, 매달 불입하는 돈의 크기와 은행에 적립되는 기간만큼만 그 금리가 적용된다.

예를 들어 매달 10만 원씩 3%의 금리로 정기적금을 든다면, 첫 달은 10만 원을 12개월 맡기는 것이므로 3%를 모두 받지만, 두 번째 달은 10만 원을 11개월만 맡기는 것이므로 11/12 × 3%의 이자만 받게 된다. 만약 자유적금이라면 금액도, 납입일도 매번 다르므로 월이 아닌 일수에 따라 계산하게 된다. 따라서 적금을 부을 때는 금리를 잘 계산해 보고 수익을 따져 보자.

제1금융권 vs 제2금융권

　금융회사란 저축, 투자, 신용, 대출, 보험 등의 금융 서비스를 제공하는 회사로 은행, 저축은행, 상호금융기관, 여신전문금융회사, 증권회사, 보험회사, 자산운용회사 등을 말한다. 몇 년 전만 해도 돈을 빌리려는 사람과 돈을 빌려주려는 사람이 서로 믿고 거래할 수 있는 자금 중개기관 역할을 한다고 해서 금융기관이라고 불렀지만, 최근에는 수익 사업에 주력하는 산업체로서의 기능을 수행함으로써 금융회사라고 부른다.

　금융(金融)은 '돈의 융통', 즉 돈을 빌리고 빌려주는 일이다. 어떤 사람은 돈이 없어 쩔쩔매고 어떤 사람은 여윳돈을 어떻게 굴릴까를 고민한다. 금융회사는 이런 사람을 연결시켜 여유가 있는 곳에서 부족한 곳으로 돈이 흐를 수 있게 중개하는 역할을 한다.

우리 주변에 다양한 금융회사가 존재하는 이유는 저마다 역할과 쓰임새가 다르기 때문이다. 금융회사는 흔히 제1금융권과 제2금융권으로 나뉜다. 처음에는 언론에서 보도 편의상 붙인 말이었는데, 점차 사람들에게 익숙해지고 자주 쓰이면서 지금은 금융 용어로 통용되고 있다.

● 제1금융권

제1금융권은 중앙은행과 예금은행으로 구분된다. 예금은행에는 시중은행, 지방은행, 외국은행, 기업은행, 농협(특수은행)이 포함된다. 제1금융권은 규모가 크고 안정성이 높아 사람들이 가장 많이 이용하는 금융회사로, 예금 및 적금 계좌 개설, 증권 계좌 개설, 보험 가입, 펀드 가입 등 이 외에도 대출 상품으로 담보대출, 신용대출 등 다양한 상품이 존재한다.

제1금융권의 장점으로는 대출금리가 낮고, 지점 수가 많으며, 보험이나 펀드 가입, 공과금 납부, 환전 등 다양한 금융거래를 한 곳에서 할 수 있다는 점이며, 단점은 예·적금 금리가 낮고, 대출할 때 조건이 까다롭고 오래 걸린다는 점이다.

● 제2금융권

제2금융권은 예금은행을 제외한 보험회사, 증권회사, 자산운용회사, 저축은행, 상호금융기관, 여신전문금융회사 등이 속한다. 다만 대부업체는 제외되는데, 이들은 편의상 제3금융권이라고도 한다.

제2금융권은 은행법의 적용을 받지 않으면서도 일반 상업은행과 유사한 기능을 담당한다. 제2금융권의 장점은 예·적금 금리가 높으며, 대출 심사가 까다롭지 않고 빠르다는 점이다. 단점은 대출금리가 높고, 비교적 불안정한 금융회사라는 점이다.

저금리 시대에는 금리가 조금이라도 높은 제2금융권에 분산 투자하는 사람들도 많아진다. 제2금융권의 예·적금도 예금자보호법의 적용을 받을 수 있으므로, 제2금융권에 분산하여 투자하면 높은 금리와 예금의 안전을 둘 다 확보할 수 있다. 예금자보호법에 의해 해당 은행이 파산하여도 예·적금의 원금과 이자를 합하여 1인당 최고 5,000만 원까지 돌려받을 수 있다. 제1금융권에 비해 안정성이 낮아 기피하게 되는 제2금융권도 예금자보호 대상의 상품인지 여부를 확인하여 가입하면 안전하게 저축할 수 있다.

STUDY 7

은행 거래도
선택과 집중이 필요하다

은행은 단골 고객을 '주거래고객'이라고 한다. 고객 입장에서는 그 은행이 주거래은행이 된다. 은행마다 고객별 거래 실적으로 점수를 매겨 우수 고객에게는 등급에 따라 금리와 수수료 면제(우대) 혜택을 준다. 따라서 은행 거래에서도 역시 선택과 집중이 필요하다. 거래 은행이 여기저기 흩어져 있으면 은행 업무를 한 곳에서 처리하지 못할 뿐 아니라 통장 관리도 힘들다.

은행은 주거래고객에게 예금금리를 더 얹어 준다. 그러니 금리 차이가 거의 없다면 주거래은행에서 가입하는 것이 훨씬 유리하다. 대출을 받을 때도 한도를 늘려 주고 금리는 싸게 해 준다.

주거래고객이 되면 각종 수수료가 면제되거나 할인받을 수 있다. 동일한 서비스를 받는다고 해도 수수료 부담이 달라지는 것이다. 이밖에도 은행에 따라 세무·부동산 상담, 문화센터 무료 수강, 클래식·뮤지컬·콘서트 등 은행에서 주최하는 각종 공연이나 문화행사 초청 등의 혜택도 누릴 수 있다.

주거래고객이 되기 위해서는 은행 한 곳을 정해 거래를 집중하면 된다. 급여통장 개설은 기본이고 신용카드 발급, 각종 공과금·카드대금·아파트관리비·통신비 등의 결제를 집중하고, 펀드나 주식·채권 등도 한 은행을 이용하는 것이 좋다. 인터넷뱅킹이나 모바일뱅킹 등 각종 온라인 거래도 은행에서 '주거래고객'을 선정하는 데 가점 요소가 된다. 직업·e-메일 주소·결혼기념일·전화번호 등 개인정보 제공 여부도 고객 등급 산정 시 반영된다. 가족끼리 계좌를 한데 묶어 거래하는 것도 고객 등급을 높일 수 있는 방법이다.

STUDY 8

서민들의 금융 생활을 돕는 서민금융기관

<u>저축은행, 상호금융기관, 우체국 예금은</u> 서민들의 금융 생활을 돕기 위해 만들었다고 해서 서민금융기관이라고 한다.

저축은행은 서민이나 중소상인이 여윳돈을 맡기기도 하고, 필요한 돈을 대출받을 수 있도록 설립된 대표적인 서민금융기관이다. '상호저축은행'이라고도 한다.

상호금융기관은 조합원 또는 회원들이 자금을 조성해 서로 융통할 목적으로 만든 금융기관으로 보통 지역·직장(직업)·종교 등 공통의 유대관계를 바탕으로 설립된다. 상호금융기관에는 흔히 '신협'이라고 줄여 부르는 '신용협동조합', 농·어촌 지역의 농어민들이 많이 이용하는 농·수협 등의 '지역조합', '새마을금고'가 있다. 우리나라 국민 누구나 5,000원에서 1만 원 이상의 출자금을 내면 상호금융기관의 조합원이 될 수 있다. 출자자는 조합원으로서 대출 등 다양한 혜택을 누릴 수 있고, 1인당 1,000만 원까지의 출자금은 배당 소득을 받을 수 있고 비과세 혜택도 주어진다. 다만 출자금은 예금자보호 대상이 아니기 때문에 회사의 건전성을 미리 꼼꼼히 점검해 보고 거래하는 게 바람직하다.

농·수협중앙회와 지역조합 구분 방법

금융회사의 구분에서 농·수협중앙회는 제1금융권인 특수은행, 지역조합은 제2금융권인 상호금융기관으로 분류된다. 농·수협중앙회는 '농·수협은행 ○○지점'처럼 '은행'이 앞에 들어가지만, 농·수협 지역조합의 경우 상호 앞에 '○○농·수협 ○○지점'처럼 '은행'이 빠지고 '농·수협' 앞에 별도의 이름이 붙는다.

우체국은 우체국 예금과 우체국 보험을 판매하고 있는데, 정부가 주인이므로 안정성이 높다. 우체국에 맡긴 돈은 국가부도 사태가 아닌 이상 금액에 관계없이 100% 보장된다. 전국 3,700개의 우체국이 온라인으로 연결된 대규모 점포망을 갖추고 있다. 하지만 우체국은 가입한 예금이나 보험을 담보로 하는 경우 외에는 대출을 받을 수 없다.

서민금융기관은 은행에 비해 예금이자를 많이 준다. 일반 은행보다 0.5~1% 이상 높다. 대출이자도 비싸다. 대출의 경우 은행보다 신용도가 낮은 이용자가 대부분이어서 은행보다 금리 수준이 훨씬 높게 책정되어 있다. 대신 대출 절차가 간편하고 신속하다.

STUDY 9

내 돈을 지켜 주는 안전장치, 예금보험제도

<u>예금보험제도란</u> 금융회사의 경영에 문제가 발생해서 예금자가 맡긴 돈을 되돌려 주지 못하는 상황이 발생하더라도 예금자보호법에 의하여 원금과 이자를 포함하여 5,000만 원까지 보호해 주는 보험 제도다.

만일 금융회사가 예금을 지급하지 못하면 전체 금융회사에 대한 불신과 경제위기로까지 이어지게 된다. 금융회사의 건전성에 문제가 있다고 생각하면 예금자들이 돈을 찾기 위해 앞다퉈 금융회사로 달려오는 일이 벌어지게 되는데, 이를 '뱅크 런(Bank Run)'이라고 한다. 그렇게 되면 금융회사는 보유금이 모자라 대출자금을 회수해서 예금자들에게 돌려주어야 하는데, 이는 대출자에게 어려움을 안겨 주게 될 뿐 아니라 급기야는 경제위기로까지 번질 수 있다.

금융회사가 고객이 맡긴 돈을 돌려주지 못하는 상황이 생기면 예금보험공사(예보)는 예금자보호법에 의해 일정한 범위 내에서 원금과 이자를 지급해 준다. 예금자보호법은 예금자 입장에서는 거래하는 금융회사가 문을 닫더라도 내 돈을 지킬 수 있는 안전장치가 된다. 이는 일종의 보험으로서 필요한 재원은 금융회사가 내는 '예금보험료'로 조달한다. 예금보험공사(예보)는 예금보험에 가입한 금융회사가 예금 지급 정지 명령, 영업 인(허)가의 취소, 해산 또는 파산 등으로 고객의 예금을 지급할 수 없게 되는 경우 해당 금융회사를 대신하여 1인당 5,000만 원까지 원금과 미리 정해진 이자를 지급한다.

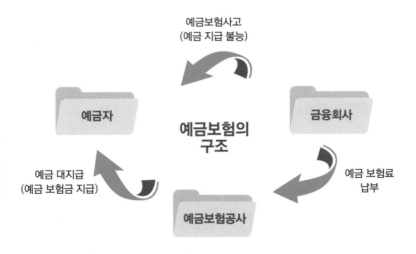

예금자보호법으로 보호되지 않는 농·수협 지역조합, 신용협동조합, 새마을금고 등은 자체적으로 마련한 보호 기금을 통해서 예금보

험공사와 동일한 내용으로 이용자의 예금을 보호한다.

농·수협 지역조합, 새마을금고, 신용협동조합의 예금자보호

구분	주요 내용
농·수협 지역조합	예금의 일정 비율을 해당 조합의 중앙회에 적립한 '상호금융 예금자보호기금'을 통하여 보호 (원리금을 합하여 1인당 5,000만 원 한도)
새마을금고	새마을금고중앙회가 조성한 '안전기금'으로 예금·적금·공제금 보호 (원리금을 합하여 1인당 5,000만 원 한도)
신용협동조합	신용협동조합중앙회 내부의 '신용협동조합 예금자보호기금'에 의해 보호 (원리금을 합하여 1인당 5,000만 원 한도)

STUDY 10

대출 기능만 있는
여신전문금융회사

<u>여신전문금융회사는</u> 예금 수신의 기능은 없고, 대출 기능만 있는 회사다. 신용카드회사, 할부금융회사, 리스회사 등이 있다.

● 신용카드회사

신용카드의 발행 및 관리, 신용카드 이용과 관련된 대금 결제 등의 업무를 하는 금융회사다. 신용카드회사는 카드 회원들에게 연회비를 받고 서비스를 제공하며, 가맹점에는 수수료를 받는다. 카드 사용자가 물건을 할부로 구매하면 미지급된 금액에 대한 이자도 가져간다.

신용카드 업무만 하는 신용카드 회사뿐 아니라 은행이나 백화점·마트 등의 유통업계에서도 상품 판매 촉진을 위해 신용카드를 발급할 수 있다. 이러한 성격에 따라 전업신용카드사, 겸영은행계카드사, 유통계카드사로 구분할 수 있다.

● 할부금융회사

자동차와 같은 고가의 소비재를 구매하고자 하는 소비자 대신 판매사에 구입 대금을 지급해 주고 소비자로부터 일정 기간 동안 분할 상환받는 금융회사다. 캐피탈사라고도 하는데, 신용등급이 낮은 사람들을 대상으로 하며, 예금을 받는 기능이 없이 은행 대출, 회사채 발행 등을 통해 자금을 조달하기 때문에 은행보다 금리가 높은 편이다.

● 리스회사

리스는 기업이 필요로 하는 기계 · 설비 · 기기 등을 직접 구입하여 정기적으로 사용료를 받고 이를 빌려주는 제도로, 이러한 임대업을 하는 회사를 리스회사라고 한다. 대여 후 유지 관리에 대한 책임은 리스회사에서 부담한다. 리스를 전업으로 하는 회사도 있고, 종합금융회사에서 경영하기도 한다. 기업에서 특정 자산을 필요로 할 경우 장기간 대여해 주는 금융 리스도 있다.

STUDY 11

금융 취약 계층을 지원하는
서민금융지원제도

저소득근로자, 소상공인, 장애인, 신용회복 대상자 등 금융 취약 계층을 지원하기 위해 정부, 공공기관 및 민간기구가 시행하고 있는 서민 대출 제도, 금융 복지 제도, 채무 조정 제도, 금융 상담 서비스 내용은 다음과 같다.

서민 대출 제도

제도명	정보 및 연락처	지원 내용
새희망홀씨 대출	각 은행 한국이지론(1644-1110)	서민맞춤형 대출 상품 농협 외 15개 은행
미소금융	1600-3500 www.mif.or.kr	금융 소외계층 대상의 소액 대출
전통시장 소액 대출	소속 상인 미소금융 중앙재단	광역자치단체 추천의 전통시장상인회

햇살론	농협(1577-5522) 외 6개의 상호금융회사	저신용, 저소득 서민을 위한 보증부 대출
근로자 생활 자금 대부 임금 체불 근로자 융자 희망드림 창업 지원	근로복지공단 1588-0075 www.kcomwel.or.kr	저소득근로자 저리 융자 임금 체불 근로자 생계비 융자 고용보험기금 창업 지원
소상공인 창업 및 경영 개선 지원	소상공인경영지원센터(서울시) 1577-6119 www.seoulsbdc.or.kr	소상공인의 창업 및 경영 개선 자금 지원
장애인 창업지원 장애인 창업 임차 지원	한국장애인고용공단 1588-1519 www.kead.or.kr www.worktogether.or.kr	장애인 자영업 창업 지원 융자 장애인 창업을 위한 영업장소 임차 지원
소액 금융 지원	신용회복위원회 1600-5500 www.ccrs.or.kr	신용회복 중인 자에게 소액 금융 지원
지자체 연계 소액 금융 지원	각 지방자치단체	지자체와 신용회복위원회가 연계한 소액 금융 지원
전환대출, 소액 신용 대출	국민행복기금 1588-1288 www.c2af.or.kr	금리 20% 이상의 대출을 저금리로 바꾸어 주는 제도
여성 창업 지원	02-369-0900 www.wesc.or.kr	(재)여성기업종합지원센터
창업 자금 지원	02-365-0330 www.joyfulunion.or.kr	자격 요건: 자활공동체 문의처: 신나는 조합
씨앗은행 창업 자금	02-310-9508~9 www.merryyear.org	서울 거주 저소득층 자활 추구 단체 및 개인 문의처: 열매나눔재단

금융 복지 제도

제도명	정보 및 연락처	지원 내용
국민기초 생활보장 및 급여 지급	129 OK주민서비스 http://oklife.go.kr	저소득층, 장애인, 여성, 노인 등의 기초생활보장제도
노인장기요양 보험제도	129 OK주민서비스 http://oklife.go.kr	65세 이상 노인장기요양제도
유아 학비 지원	129 OK주민서비스 http://oklife.go.kr	저소득층 유아 학비 지원 (교육부)
정부 학자금 대출	교육부 (02-6222-6060) 한국장학재단 (http://www.kosaf.go.kr)	취업 후 학자금 상환제도

STUDY 12

믿을 만한 금융회사
알아보는 법

국제결제은행(BIS)은 금융회사의 건전성과 안정성을 측정하기 위한 국제적 기구로, 금융회사의 자기자본비율을 나타내는 건전성 지표를 산정하는데, 이를 BIS 자기자본비율이라고 한다. BIS 기준에 따르면 위험 가중 자산에 대한 금융회사의 자기자본비율이 8%를 넘도록 권고한다. 저축은행의 경우에는 5% 이상을 유지하도록 권고한다.

금융감독원은 금융 이용자에게 필요한 정보를 제공하기 위해 금융소비자보호처 시스템을 운영하고 있다. 거래 중인 은행의 안정성을 확인하고 싶다면 '금융감독원 홈페이지(http://www.fss.or.kr) → 소비자정보 → 금융소비자보호처 → 금융회사 길라잡이 → 은행'을 차례로 클릭하면 은행 경영공시 배너가 나온다. 이를 클릭하면 BIS 비율 외에도 다양한 정보를 얻을 수 있다.

'금융감독원 홈페이지 → 소비자정보 → 금융상품통합비교공시'에서는 금리, 보험료, 수수료, 펀드 수익률 등 금융 상품 비교 정보를 조회할 수 있고, '금융감독원 홈페이지 → 소비자정보 → 금융FAQ → 금융생활안내'를 통해서는 주택담보대출, 자동차보험, 신용카드 소비자 가이드, 외국환 거래시 유의사항 등 일상적인 금융 생활에 필요한 각종 금융 정보를 간편하게 조회할 수 있다.

STUDY 13

손해를 최소화하면서
금융 상품을 해약하려면?

금융 상품은 중도 해지하면 무조건 손해다. 적금을 만기가 되기 전에 중도 해지하면 '중도해지수수료'가 붙어 애초에 받기로 한 이자에 훨씬 못 미치는 이자를 받게 된다. 펀드 역시 '중도환매수수료'가 붙는다. 적금이나 펀드 가입자가 급전이 필요할 때는 환매하기보다 적금이나 펀드의 담보대출을 활용하는 방법이 있다.

불가피하게 중도 해지해야 하는 경우에는 손해를 최소화하기 위해 환매수수료가 적은 펀드부터 해약하는 것이 유리하다. 또 장기주택마련 펀드나 연금(저축)펀드 등 세제 혜택이 있는 펀드보다 세제 혜택이 없는 일반 펀드를 먼저 환매하는 편이 좋다. 세제 혜택을 받는 펀드를 만기 전에 환매하면 지금까지 소득공제 받은 금액을 반납해야 하는 데다, 해약 시점에 따라 '기타소득세'에 '해지가산세'까지 부담하기도 한다.

　보험은 보험료에서 사업비와 위험 보장을 위한 보험료를 떼기 때문에 중도에 해약하면 돈이 터무니없이 줄어들 수 있다. 특히 초기에 해지하게 되면 원금도 못 건지는 경우가 많다. 보험을 해약할 때는 우선 보장 내용이 중복된 보험부터 해지하고, 보장성 보험보다는 변액보험 등의 저축성(투자형) 상품부터 먼저 해약하는 것이 좋다. 저축성 보험은 금리가 낮은 상품, 가입한 지 오래된 상품부터 해약하는 것이 좋다.

STUDY 14

휴면 예금·주식·보험·카드를 찾으려면?

<u>바쁜 일상을 살다 보면</u> 통장에 들어 있는 예금이나 보험을 잊었거나, 미수령 주식, 발급받고 쓰지 않는 신용카드가 한둘씩 있기 마련이다. 그것도 알고 보면 다 돈이다. 금융회사의 창구 직원이 내가 잊고 지내는 금융 상품까지 일일이 알려 주지는 않는다. 어떻게 하면 잊어버린 상품을 찾아낼 수 있을까?

휴면예금은 은행 및 우체국의 요구불예금, 저축성예금 중에서 최근 5년 이상(우체국 예금 10년) 아무런 거래가 없는 계좌에 들어 있는 돈이다. 휴면보험금은 보험계약자가 보험료를 납입하지 않아 계약이 해지되거나 계약 만료 2년이 지나도록 찾아가지 않고 있는 환급금이다. 은행연합회에서 운영하는 휴면계좌 통합조회 시스템(http://www.sleepmoney.or.kr)에서 공인인증서를 통해 본인확인 절차를 거

치면 휴면예금과 보험금을 한 번에 조회할 수 있다. 휴면계좌를 확인하면 금액을 돌려받을 수 있다.

유·무상 증자나 주식 배당이 발생했지만 주주가 주소지 변경 등으로 배당 사실을 알지 못해 찾아가지 않은 '미수령 주식'도 조회할 수 있다. 또 무상증자나 주식 배당의 권리가 매도 전 주주에게 부여된 사실을 알지 못해 찾아가지 않은 주식도 포함된다. 휴면주식은 한국예탁결제원 홈페이지(http://www.ksd.or.kr)에서 '주식찾기'를 통해 확인할 수 있다.

발급 받은 신용카드는 쓰지 않더라도 1~3만 원 내외의 연회비가 부과될 수 있다. 또 분실이나 도용 등에 따른 금융 사고로까지 이어질 수 있다. 더욱이 휴면카드가 많으면 '잠재 위험 고객'으로 분류되어 신용등급 산정에도 불리하다. 신용카드를 최근 3개월 내 집중적으로 발급받은 경우는 신용등급이 하락될 수 있다. 한국신용정보원 신용정보서비스(http://www.credit4u.or.kr)에서 모든 신용카드의 발급 내역을 확인할 수 있다.

STUDY 15

금융소득에 붙는
세금을 덜 내려면?

예·적금의 이자나 주식 배당금 등의 금융소득에는 이자소득세(14%)와 지방소득세(1.4%)를 합해 총 15.4%의 세금이 붙는다. 예금금리가 물가상승률에 못 미치는 실질금리 마이너스 시대에는 세금을 내지 않거나 깎을 수 있는 '절세 상품'에 관심을 가질 필요가 있다.

절세 상품 종류

절세 상품은 가입 조건, 가입 한도, 가입 기간 등이 까다롭고, 상품마다 차이가 있기 때문에 가입에 앞서 가장 적합한 절세 상품을 골라야 한다. 가입 조건을 갖추었다면 절세 효과가 가장 큰 비과세 상품 (세율 0%), 저율 과세 상품(농어촌특별세 1.4%) 순으로 선택하는 것이 좋다.

● 비과세종합저축(사회적 약자나 국가유공자를 위한 비과세 상품)

대표적인 비과세 상품이다. 가입 기간에 관계없이 발생하는 이자 에 대해 전액 비과세 혜택을 받을 수 있으나, 가입 조건이 매우 까다 로워 고령자(62세, 2017년은 63세, 2018년은 64세, 2019년은 65세로 상향 조 정되며 2019년에 가입 만료 예정), 장애인, 독립유공자 등 사회적 약자나 국가유공자에 한해서만 가입이 가능하다. 가입 한도는 1인당 최고 5,000만 원까지이며, 가입 기간에 따른 제약이 없고 중도 해지 시에 도 비과세 혜택이 적용된다.

● 만능 통장인 개인종합자산관리계좌(ISA)

근로소득자와 개인사업자, 농·어민들이 자유롭게 가입할 수 있는 ISA계좌는 한 계좌에 예·적금과 펀드, ELS 등 파생결합증권을 자유 롭게 담을 수 있어 '만능통장'으로 불린다. 연소득이 5,000만 원 이 하일 경우 운용 수익 250만 원에 대해 비과세되며, 연소득이 5,000 만 원 이상이면 200만 원까지 비과세되고, 초과분에 대해서는 9.9% 의 세율로 분리 과세된다. 비과세 혜택을 받기 위한 의무 가입 기간 은 3년으로, 기존의 다른 금융 상품에 비해 이용하기 편리하다. 가입 가능한 기간은 2016년부터 2018년까지의 3년간이다.

국세청 홈택스(www.hometax.go.kr)에서 개인종합자산관리계좌 가입용 소득확인증명서를 발급받은 후, 은행이나 증권사를 방문하여 ISA계좌를 개설하면 된다.

ISA계좌는 계좌이동제와 맞물려 금융 이용자들이 관행적으로 사용하던 저축예금 계좌를 대신하여 주거래 계좌 역할을 수행할 것으로 예상된다. 계좌이동제란 인터넷 등을 통해 자동이체 계좌를 간편하게 바꿀 수 있는 서비스를 말한다.

금융결제원의 페이인포(www.payinfo.or.kr) 사이트에 접속하면 각종 자동이체 목록을 확인할 수 있으며, 급여 이체는 물론 보험료, 아파트 관리비, 신용카드 결제, 통신 요금 등의 납부 계좌를 다른 계좌로 옮기거나, 여러 계좌에 흩어져 있던 자동이체 항목을 하나의 계좌로 모을 수도 있다. 적금, 월세 등의 자동이체도 가능하고, 2016년 6월부터는 신문사, 학원 등 중소형 업체를 포함한 모든 요금 청구 기관에 대해 자동납부 변경을 할 수 있게 된다.

ISA계좌가 만능통장으로 불리는 이유는 다양한 금융 상품을 한 계좌에서 운영할 수 있고, 비과세 등으로 상대적으로 높은 수익을 기대할 수 있기 때문이지만, 펀드나 ELS 투자 등으로 손해를 볼 수도 있다는 점을 잊어서는 안 된다. 원금을 보호하기 위해서는 상품 구성을 적절히 조절할 필요가 있고, 특히 불입금의 중도 인출이 불가능하여, 중도 해지할 경우 비과세 혜택이 사라지는 등의 위험을 감수해야 한다.

● 신용협동조합, 농·수협 지역조합, 새마을금고의 예탁금

신용협동조합, 농·수협 지역조합, 새마을금고의 예탁금(3,000만 원 한도)은 발생 이자에 기본적으로 5%의 세율을 적용하되, 감면받은 세율의 10%를 '농어촌특별세'로 부담하게 되어 있다.

단, 조세특례법이 변경되면 바뀔 가능성이 있으므로 가입 전에 창구에서 확인해 보아야 한다. 예탁금 가입 대상은 만 20세 이상의 조합원 또는 회원이다.

절세 상품 가입 노하우

● 금융 상품 가입 시 세금 우대 확인 필요

생계형 저축이나 세금 우대 상품은 모든 금융회사의 저축 상품(예: 적금, 신탁, 보험, RP, 증권저축 등)에 세금 혜택을 주는 제도다. 그러나 가입할 때 신청하지 않으면 혜택을 받을 수 없으므로 반드시 확인할 필요가 있다. 얼마만큼 세금 우대를 받을 수 있는지는 금융회사 영업점과 홈페이지에서 알아볼 수 있다.

● 가입 한도 관리

절세 상품은 가입 한도가 정해져 있기 때문에 가입 한도를 잘 관리해야 한다. 예금이나 적금에 가입할 때는 먼저 예금을 세금 우대로 가입하고 남은 한도 내에서 적금을 가입하는 것이 유리하다. 적금의 세금 우대 한도는 보통 만기 금액으로 설정하기 때문에 만기가 되기까지는 한도를 충분히 활용하지 못하는 경우가 많다.

● 중도 해지하면 손해

절세 상품은 대부분 가입 기간이 긴 장기 상품이다. 연금보험의 경우 비과세 혜택을 누리기 위해서는 10년 이상 납입하고 55세 이후부터 연금을 수령해야 한다. 또 장기주택마련저축(펀드)도 7년간 꾸준히 입금해야 절세 혜택을 받을 수 있다.

비과세 혜택을 받기 위해 필요한 기간을 채우기는 쉽지 않다. 연금보험을 10년 간 유지하는 경우가 10명 중 2명이 채 되지 않는다는 조사 결과도 있다. 중도 해지하면 비과세 혜택만 사라지는 것이 아니라, 이자를 제대로 받지 못하거나, 원금까지 손실을 보는 경우가 있으니 유의해야 한다.

그래서 절세 상품은 현재와 미래의 현금 흐름 등을 꼼꼼히 따져서 감당할 수 있는 범위 내에서 가입 여부와 가입 한도를 정해야 한다. 돈을 언제쯤 찾아 쓸 것인지, 현재 자신의 수입이나 경제 사정으로 언제까지 돈을 낼 수 있는지 꼼꼼히 따져 보아야 한다.

주요 절세 상품 가입 조건 (2016년 3월 현재)

	상품명	가입 조건	내용
세액 공제	비과세 종합저축	만 62세 이상 (2019년 말까지 한시 운용)	예금, 적금, 펀드 등 1인당 합계 5,000만 원까지 비과세 혜택.
	개인종합자산 관리계좌 (ISA)	근로소득자 사업소득자 농어민 (단, 연간 금융소득이 2,000만 원을 초과하는 금융소득종합과세 대상자는 가입 불가)	한 통장에서 예·적금, 펀드, 파생금융상품 통합관리. 5년 기한 연간 2,000만 원 불입 가능. 연소득 5,000만 원 이하면 운용수익 250만 원까지 비과세, 연소득 5,000만 원 이상이면 운용수익 200만 원까지 비과세, 초과수익에 대해서는 9.9% 저율과세.
	해외주식투자 전용펀드	1인당 3,000만 원 이내 투자자 (2017년 말까지 한시 운영)	해외상장주식투자 비중 60% 이상 펀드 투자에 대한 배당소득세(15.4%) 비과세.
세액 환급	연금저축계좌	근로소득자	연간 400만 원 불입분 한도로 세액 환급 – 원천징수된 소득세액이 있을 경우. (연간 5,500만 원 이하 급여자의 경우 연말정산시 16.5% 세액 환급, 최대 66만 원. 연간 5,500만 원 초과 급여자의 경우 연말정산시 13.2% 세액 환급, 최대 52만 8,000원)
	개인형 퇴직연금 (IRP)	근로소득자	연간 300만 원 불입분 한도로 세액 환급. (환급세율은 연금저축계좌와 동일) 개인형 퇴직연금과 합산할 경우 연간 700만 원까지 세액 환급. (합산시 최대 115만 5,000원 환급 가능)

STUDY 16

외국 돈으로
거래하려면?

경제 개방으로 외국 돈의 거래 규모가 폭발적으로 증가했지만 복잡한 법규를 제대로 이해하지 못하여 신고 절차를 위반하거나 불법으로 거래하는 사례가 늘고 있다. 해외여행을 하거나, 유학생 자녀를 둔 경우, 부동산 투자 등 자본 거래를 하는 이들은 주의를 기울여야 한다.

환율과 환전

환율이란 우리나라 돈과 외국 돈의 교환 비율이다. 환율이 높아졌다는 것은 외국 돈에 비해 우리나라 돈의 가치가 낮아졌다는 것을 의미하고, 환율이 낮아졌다는 것은 외국 돈에 비해 우리나라 돈의 가치가 높아졌다는 것을 의미한다. 환율은 외환시장에서 결정되는데 우리 돈과 외국 돈의 수요·공급에 의해 실시간으로 변경된다. 외국 돈보다 우리 돈을 사려는 수요가 늘어나면 환율이 낮아지고, 반대로 외국 돈을 사려는 수요가 늘어나면 환율이 높아진다.

우리 돈을 외국 돈으로, 또는 외국 돈을 우리 돈으로 바꾸는 것을 환전이라고 한다. 환율은 우리 마음대로 올리고 내릴 수가 없지만, 환전에 드는 수수료는 조정이 가능하다.

환율 우대란 환전소(은행)에서 환전수수료에 우대 비율을 적용하는 것으로, 어디서 환전하느냐에 따라 수수료에 몇 만 원 이상 차이가 날 수 있다. 일반적으로 주거래은행에서는 다른 은행보다 환율우대를 더 많이 받을 수 있다.

해외여행을 하는 경우 주로 공항에서 환전을 하는데, 공항은 환전수수료가 가장 비싸다. 오히려 서울역 공항터미널의 은행 창구에서 환전하는 것이 훨씬 싸다. 서울역 공항터미널에서는 거래 실적이 없어도 수수료의 90%를 깎아 주기 때문에 총액으로 3% 이상 싸게 환전할 수 있다. 그러나 대기자가 많아 오래 기다려야 한다. 대기 시간 없이도 환전 수수료를 절약하려면 각 은행에서 제공하는 스마트폰 애플리케이션을 이용하면 된다. 누구나 환전 수수료의 90%를 아낄 수 있다.

여행지에서는 신용카드를 사용할 수도 있지만, 환율이 오르는 경우에는 대금 결제 시 더 많은 돈을 내게 된다. 따라서 출국 전에 미리 환전하여 수수료를 할인받은 현금을 사용하는 편이 더 유리하다.

외국 돈 거래 시의 유의 사항

해외여행을 자주하거나 해외에서 유학하는 자녀가 있는 이들은 다음의 사항을 유의해야 한다. 여기에서 수출이란 외화를 해외로 가지고 나갈 때를 말하고, 수입이란 외화를 국내로 들여올 때를 말한다.

외국 돈 거래 시 유의 사항

구분	허가 대상 신고 거래
허가 및 신고 예외	- 미화 1만 불 이하 지급 수단 등의 수출입 - 외국환 은행을 통하지 않는 지급 등의 신고를 한 경우 - 자본 거래 신고를 한 자의 신고된 바에 따른 기명식증권의 수·출입
관할 세관장 신고 대상	- 거주자 또는 비거주자의 1만 불 초과 지급 수단의 휴대 수입 - 국민인 거주자의 1만 불 초과 지급 수단의 휴대 수출 - 기타 지급 수단의 수출입

● 자료 제출 의무

외국환을 거래할 때는 지급 자료와 사후 관리 자료를 의무적으로 제출해야 한다.

건당 미화 1,000달러를 초과하는 외환을 지급하려는 사람은 외국환은행장에게 지급 사유와 금액을 입증하는 서류(지급증빙서류)를 제출해야 한다.

해외 직접 투자, 해외 부동산 취득 등의 경우에도 실제 투자 및 취득 내역 확인, 연간 사업 실적 확인 자료를 제출해야 한다.

● 관련 기관 신고

외국환거래법에는 주요 외국환 거래를 하기 전에 신고기관(한국은행, 외국환은행 등)에 신고하도록 정해져 있다. 해외 직접 투자, 해외 부동산 취득과 관련한 외환 지급의 경우에는 사전 신고가 반드시 필요하다.

● 외국환 채권 회수 의무

외국에 건당 미화 50만 불을 초과하는 채권을 보유하고 있는 내국인은 만기일로부터 1년 6개월 이내에 그 채권을 추심하여 국내로 회수해야 한다.

STUDY 17

불완전 거래를 방지하는
금융 상품 핵심 설명서

금융 상품에 대한 정보는 분량도 많고, 전문 용어를 사용하여 이해하기 쉽지 않다. 그래서 중요한 내용을 이해하지 못한 채 계약이 이루어지는 불완전 거래(mis-selling)가 지속적으로 발생한다. 이러한 불완전 거래의 문제를 개선하기 위해 도입한 것이 핵심 설명서 제도다. 금융 상품에 숨어 있는 위험 요인, 비용 등 계약 시 반드시 알아야 할 핵심 내용을 알기 쉽게 요약 · 정리하여 우리에게 제공해야 하는 것이다.

핵심 설명서는 반드시 빨간색 바탕의 열쇠 모양 로고가 들어가고, 노란색 A4 용지 2장 범위 내에서 제작하여야 한다. 특히 금융 서비스 이용자가 부담할 비용 및 위험 요인 등은 필수 사항으로 기재하고, 투자 시의 위험, 금융 상품이 갖고 있는 제한 사항(연체율, 중도상환

수수료 등) 등을 포함해야 한다.

금융회사별 금융 상품 핵심 설명 내용

은행	금융거래상의 계약 조건 등을 정확하게 공시
	 – 이율, 수수료, 상환 기간 등 필요 공시 사항 및 거래 조건 표시
	  방법 규정
	 – 확정되지 않은 사항을 확정적으로 표시하거나 타 상품보다
	  비교우위가 있음을 막연하게 나타내는 행위 금지

저축은행	상호저축은행의 통일된 공시기준 준수 – 이율, 수수료, 상환 기간 및 거래 조건 표시 방법 – 구체적인 근거 없이 최상 또는 유일성을 나타내는 표현 또는 보장, 즉시, 확정 등 오해의 소지가 있는 표현 금지
금융 투자회사	상품 내용, 투자 위험 등의 중요 내용을 선별하여 일반 투자자가 이해하기 쉽도록 제공하는 설명 자료

보험	보험계약의 필수 안내 사항(보장 기간, 특약 등)을 중심으로 간소
	하고 알기 쉽게 작성
	 – 이용자에게 불리한 사항(보험금 지급 면책 사항, 지급 제한
	  사항 등)을 집중 안내
	 – 설명 의무 이행 여부에 대한 보험계약자의 확인을 받고,
	  부실 판매에 대한 책임 강화를 위해 보험 모집자 실명제 실시

금융 설명서 적용 대상 상품

은행	주택담보대출, 주가연계예금(ELD)
금융 투자	신용융자 거래, 유사 해외통화 선물 거래
보험	변액유니버셜종신보험 등 개인용 보험

비은행	계약 금액 내 대출, 종합통장 대출, 일반 자금 대출, 어음 할인, 예·적금 담보대출, 주택 자금 대출, 외상채권 대출, 자동차 할부금융, 자동차 구입 자금 대출(오토론)

금융 상품 핵심 설명서 주요 내용

주택담보대출 상품	대출·연체 금리, 수수료 및 중도상환 조건
보험 상품	해약 환급금·주요 보장 내역 등 분쟁 발생이 잦은 사항

STUDY 18

금융 분쟁 조정 제도란?

금융 분쟁이란 금융회사와의 권리·의무 등 이해관계가 모호하여 우리가 직접 해결하기 어려운 상태를 의미한다. 금융 이용자가 금융거래에서 손해를 본 경우 금융감독원에 민원을 신청하여 불만을 해결하게 된다. 법에 의해 금융 이용자의 보호를 책임지는 금융감독원은 법규와 규범에 의해 중립적인 위치에서 금융 이용자가 금융거래에서 해야 할 의무를 다하면 거의 이용자 편을 들어 준다. 그러나 민원 내용 가운데 금융회사와 이용자 어느 쪽에도 손을 들어주기 어려운 분쟁이 발생할 경우, 분쟁 처리 제도를 활용하게 된다.

금융감독원에는 금융 관련 분쟁 조정 사항을 심의·의결하기 위하여 금융분쟁조정위원회를 설치하였다. 금융 분쟁 조정 신청을 하면 양쪽의 주장과 사실 관계를 조사·확인하고 합리적 분쟁 해결 방안 또는 조정안을 제시하여 분쟁 당사자 간의 합의를 유도한다.

금융 분쟁 조정제도는 이용자가 쉽게 이용할 수 있도록 인터넷, 서면, 방문 등 간편한 신청 방법을 택하고 있고, 경제적 비용 부담이 거의 들지 않게 하고 있다. 특히 금융회사에 대한 전문적인 검사 능력과 감독 경험을 가진 금융감독원 직원이 분쟁 관련 내용뿐만 아니라 신청인이 잘 알지 못하는 증거나 불공정한 거래 내용, 잘못된 관행까지도 세심히 조사함으로써 이용자가 금융회사의 부당한 처리 등으로 인해 받은 피해를 쉽게 구제받을 수 있도록 도와준다.

● 분쟁 처리 절차

분쟁이 발생하는 경우에는 조정 신청 이유와 사실 증명 자료들을 신청서(정해진 서식이 없음)에 기재하여 금융감독원에 제출하면 된다. 여러 명이 공동으로 분쟁 조정을 신청하는 경우 대표자를 선정할 수 있고, 변호사나 기타 제3자의 도움을 받을 수도 있다.

● 금융 옴부즈맨

금융 옴부즈맨은 금융감독원의 위법, 부당한 처분(비명시적 규제 포함)으로 민원인 또는 금융회사의 권익이 침해되는 경우, 이를 해결하는 사람이다. 옴부즈맨은 금융에 관한 식견과 덕망이 있는 민간 전문가 중에서 금융감독원장이 임명하는데, 옴부즈맨은 관련 부서의 의견 청취, 자료 조사, 법률 자문 등을 거쳐 문제를 처리한다.

금융문맹 CASE 1

평범한 직장 여성이 하루아침에 신용불량자로

A(여·32)씨는 서울의 4년제 대학을 졸업하고, 한 중견회사에 다니던 평범한 직장 여성이었다. 한 달 월급은 200여 만 원으로, 혼자 생활하기에는 크게 부족함이 없었다.

그런데 어느 날 300만 원가량의 돈이 급하게 필요했다. 은행에서 빌린다면 연이율 10% 이하로 빌릴 수 있지만, 재직증명서나 원천징수영수증 같은 서류를 준비해야 하는 절차가 귀찮다는 생각이 들었다. 그때 A씨의 머리에 떠오른 건 얼마 전 TV에서 봤던 여성 전용 대출 광고였다.

전화를 걸자 상담원이 친절한 목소리로, 신분증 하나면 곧바로 입금이 가능하고, 한 달에 10만 원씩만 이자를 내면 된다고 안내해 주었다. 정말 TV에서 보았던 광고처럼, 간단한 절차가 끝나자마자 통장에 300만 원이 입금돼 있었다.

A씨는 대출의 빠른 속도와 편리함에 깜짝 놀랐다. 하지만 월 이자 10만 원을 연리로 환산하면 은행 이자의 4배에 달한다는 것, 그리고 대부업체에서 대출을 받으면 신용등급이 떨어지게 돼 더 이상 은행 대출이 어렵다는 사실을 그때는 알지 못했다.

그 후로 A씨는 대부업체에서 두 차례에 걸쳐 600만 원을 더 대출받았고, 점점 이자 갚기가 버거운 지경에 이르렀다. 이자가 연체되자 대부업체 직원들이 회사로 찾아오거나 수시로 전화를 걸어 와 옥박질렀다. 직장 동료들 보기가 부끄러워진 A씨는 결국 회사를 그만뒀고, 곧 신용불량자로 전락했다.

멀쩡한 직장 여성이 대부업체에 처음 전화를 건 순간부터 신용불량자가 되기까지 걸린 기간은 2년이 채 되지 않았다. A씨는 대부업체와 은행의 차이도 몰랐고, 이자가 얼마인지도 따져 보지 않았다. 묻지도 따지지도 않는다는 대부업체 TV 광고의 달콤한 유혹에 넘어가 돈 몇 백만 원을 빌린 것이 인생을 나락으로 떨어지게 한 것이다.

PART
03

저축으로 부자되려면
지켜라

STUDY 19

먼저 저축하고
남은 돈을 쓰자

쓰고 남은 돈을 저축하면 평생 저축할 돈을 만들지 못한다.
언제나 당장 쓸 돈은 모자라기 때문이다. 저축할 수 있는 비결은 한
가지밖에 없다. 먼저 저축하고 남은 돈을 쓰는 것이다. 저축으로 목
돈을 모아야 한다. 비상 자금도 만들어야 한다. 저축을 재테크 수단
이라고 할 수는 없지만, 저축은 여전히 중요하다. 개인의 풍요로운
미래를 보장하기 위한 준비 과정이요, 미래 소비의 준비금이기 때문
이다.

똑똑하게 저축하려면 올바른 저축 상품을 선택해야 한다. 먼저 저
축 목적을 고려해야 한다. 그 다음은 현금 흐름이나 재무 상태를 고
려한다.

저축의 목적을 생각하자

저축 상품에는 특정한 용도로 만들어진 상품이 있고, 특별한 용도 없이 여윳돈을 넣어 두기 위한 상품도 있다. 특정 용도에는 내 집 마련, 노후 준비 등이 있다. 돈을 모으는 목적이 내 집 마련을 위한 것이라면 주택청약통장, 노후 준비를 위해서라면 연금, 그리고 사망·질병 등의 위험에 대비하기 위해서는 생명보험이나 상해보험 등에 가입하면 된다.

저축 목적에 따른 예금의 종류

저축 목적	주요 예·적금 수단
목돈 마련	자유적금, 정기적금, 가계우대 정기적금 등
주택 자금 마련	주택청약예금, 주택청약부금, 주택청약저축, 장기주택마련저축 등
노후 생활 자금 마련	노후생활연금신탁, (개인)연금신탁, 연금보험, 역모기지론 등
목돈 늘리기	정기예금, 금전신탁, 수익증권, 뮤추얼펀드, 변액보험 등
생활 안정성 확보	생명보험, 상해보험, 질병보험(암보험), 손해보험 등

*금융위원회 〈금융 생활 내비게이션〉 참조

자금 계획을 고려하자

목적에 맞는 저축 상품을 찾았더라도 '자금 계획'을 고려하지 않고 덜컥 가입하면 낭패를 보기 쉽다. 돈이 언제 얼마나 필요한지 현금 흐름에 대한 충분한 고민 없이 이자 욕심에 장기 투자하거나, 소득이나 재무 상태를 고려하지 않고 무리하게 납입금을 정하면 곤란한 일을 겪을 수 있다. 예금에 가입하기 전에 돈을 언제 찾을지, 적금의 경우에는 매달 돈을 얼마나 넣을 수 있는지 꼼꼼히 따져 보아야 한다. 예금 기간을 정하는 데 확신이 서지 않는다면 우선 단기 예금을 선택한 후 시간적인 여유를 가지고 자금 사정·금리 동향 등을 점검하면서 자신에게 맞는 예금으로 갈아타는 것이 좋다.

저축 상품에 대해 좀 더 자세히 알고 싶다면, '금융감독원 홈페이지(www.fss.or.kr) → 소비자정보 → 금융소비자보호처 → 금융상품 비교'에서 알아보면 된다. 저축은 물론 대출, 신탁, 연금 등 은행에서 거래할 수 있는 모든 금융 상품이나 이자나 수수료에 관한 정보를 가르쳐 준다.

소득이 적어도 저축할 방법은 있다

가계소득이 줄어서 쓸 돈도 저축할 돈도 없다는 사람들도 많다. 소득이 적어 저축이 어려운 경우에 정부에서 지원하는 자산 형성 프로그램을 활용해 보는 것도 좋다. 보건복지부의 희망키움통장, 내일키움통장, 서울시의 희망플러스 통장, 꿈나래 통장, 성남시의 행복드림 통장 등이 있다. 지원받을 수 있는 조건은 프로그램마다 다르다.

만약 정부에서 지원하는 자산 형성 프로그램에 선정되지 못했더라도 각 은행별로 저소득층을 위한 고금리 적금 상품이 있으니 확인해 보자.

- **희망키움통장, 내일키움통장**: 해당 주민센터,
  www.hopegrowing.com
- **희망플러스통장, 꿈나래통장**:
  www.welfare.seoul.kr/business/hope/about/hope
- **행복드림통장**: 해당 주민센터
- **시중은행의 저소득층을 위한 고금리 적금상품정보**:
  http://hopegrowing.com/notice_detail.jsp?idx=7

STUDY 20

자산 관리의 시작은
통장 쪼개기부터

'멘탈 어카운팅(Mental Accounting)'은 정신을 뜻하는 'Mental'과 회계를 뜻하는 'Accounting'이 합쳐진 말로, 심적 회계 또는 심리 계좌라고도 한다. 행동경제학에서 주로 사용되는 용어로, 수입을 서로 다른 마음 속 계좌에 넣어 두고 사용하려는 심리적 현상을 뜻한다.

이를 잘 설명하는 실험으로 '카너먼과 트버스키의 실험'이 유명하다.

질문1) 콘서트장에서 5만 원짜리 티켓을 사려다 현금 5만 원을 잃어버린 사실을 알았다. 그래도 그 자리에서 5만 원을 지불하고 콘서트 티켓을 살 것인가?

이 질문에 사람들의 88%가 "네"라고 답했다.

질문2) 5만 원을 주고 예매했던 티켓을 가지고 콘서트장에 갔는데, 그 티켓을 잃어버린 사실을 알았다. 그래도 현장에서 다시 5만 원을 주고 티켓을 살 것인가?

이 질문에는 앞의 절반 정도인 46%만이 "네"라고 답했다.

두 경우 모두 5만 원의 가치를 잃어버린 것이다. 하지만 답변은 달랐다. 그 이유가 바로 멘탈 어카운팅 때문이다. 티켓을 구매하는 것은 여가비 계정에 해당하지만, 현금 5만 원을 잃어버린 것은 여가비 계정과는 관계가 없다. 그래서 5만 원짜리 티켓을 분실하고 다시 티켓을 구매하는 행동은 여가비에 10만 원을 지출하는 것으로 인식되고, 10만 원은 여가비로 너무 크다고 생각되는 것이다.

대부분의 사람들은 스스로가 매우 합리적이고 이성적인 사고를 바탕으로 소비를 한다고 생각하지만, 실제에 있어서는 멘탈 어카운팅과 프레임 효과로 인하여 비합리적인 소비를 이행하는 것이다.

그러나 멘탈 어카운팅을 현명하게 사용한다면 자산을 불리는 데 도움이 될 수도 있다. 심적 계좌를 마음속에서만 나누는 것이 아니라 실제로 통장을 나누는 것이다. 사용 목적에 따라 통장을 여러 개 만드는 것이다.

많지도 않은 돈을 나누어 관리하는 것은 우리의 통제 능력을 키우기 위해서다. 계좌를 너무 세세히 나누면 실행하기가 어려워진다. 자신의 형편에 따라 지킬 수 있는 원칙을 만들어야 한다.

수입 관리 계좌

들어오는 돈과 나가는 돈은 반드시 구분해서 은행 계좌에 보관할 필요가 있다. 전체 소득이 얼마인지 정확하게 파악할 수 있고, 급여 통장으로 관리할 경우에는, 대출을 받을 때나 적금을 가입할 때 이율에 대한 혜택을 받을 수 있도록 주거래은행을 정해 꾸준하게 관리하는 것이 좋다.

고정 경비를 위한 계좌

휴대폰 요금, 세금, 공과금, 대출 이자는 물론 개인연금이나 보험도 고정 경비에 포함된다. 연체를 사전에 방지하려면 자동이체를 해놓는 것도 좋으며, 입·출금 확인 및 잔액 통지에 대한 문자 서비스를 반드시 신청할 필요가 있다.

고정 경비 계좌는 수입 관리 계좌와 합쳐도 무방하다. 들어오는 돈에서 고정 경비를 빼고 난 돈이 내 마음대로 쓸 수 있는 돈이기 때문이다. 이런 돈을 가처분소득이라 한다.

가처분소득에서 생활비와 비상 자금 등을 각각의 계좌로 이체하고 남은 금액은 남겨 둔다.

생활비 계좌

많은 이들이 들어오는 돈 계좌에서 필요할 때마다 생활비를 찾아 쓴다. 편하기는 하지만 제대로 관리하기가 힘들다. 따라서 주거생활비, 의류비, 식생활비, 문화생활비, 체면유지비, 기부금 등의 생활비는 들어오는 돈과 분리하여 미리 별도의 계좌를 만들어 관리할 필요가 있다.

부족하면 수입 관리 계좌에서 빌려 쓰고, 쓰고 남은 돈은 반납한다. 기부금은 별도의 계좌를 만들기보다는 생활비의 일환으로 계상하는 것이 좋다. 나눔을 생활화하는 것이다.

생활비 계좌에 연계한 체크카드를 사용하면 자연스럽게 통장에 있는 금액만 사용하게 되므로 절약하는 습관을 기를 수 있다. 이때에도 잔액 통지 서비스를 신청하면 지출 경비를 조절하는 데 도움이 된다.

비상 자금 계좌

한꺼번에 많은 돈을 모으기는 힘들겠지만, 비상사태가 오더라도 여섯 달 정도는 버틸 수 있는 자금을 미리 만들어 놓는 것이 좋다. 살다 보면 무슨 일을 겪게 될지 아무도 모른다. 그럴 때 버틸 자금이다. 급여의 3~6개월치가 적당하다.

비상 자금 계좌와 연결된 카드를 만들 경우 다른 용도로 사용할 수 있으므로 카드를 만들지 않도록 하며, 인터넷 뱅킹 역시 신청하지 않는 것이 좋다.

STUDY 21

종잣돈 모으기는
빨리 시작할수록 좋다

종잣돈 모으기는 매우 중요한 재테크다. 일단 종잣돈이 있어
야 이 자금을 활용해서 돈을 굴릴 수 있고, 그러면 근로소득 이외에
금융소득이 발생하는 것이다. 그렇기 때문에 종잣돈 모으기는 최대
한 빨리 시작하는 것이 핵심이다. 빨리 시작할수록 돈을 모으는 속
도가 더 빨라지기 때문이다.

최대한 모으자

수입 관리 계좌에서 한 달 쓰고 남은 돈을 종잣돈으로 저축하는
것이 아니라, 미리 종잣돈을 떼어 놓자. 직장 생활을 오래 해도 통장

잔고가 늘 바닥인 사람은 쓸 것을 다 쓴 다음 남은 돈으로 저축하려고 하기 때문에 제대로 된 재테크를 할 수 없는 것이다.

종잣돈은 비상 자금과는 달리 먼 미래를 준비하기 위한 돈이다. 버는 돈의 최소 30%는 종잣돈으로 저축하는 습관을 들이자. 얼마 되지도 않는 돈에 무슨 30%씩이냐고? 물론 처음에는 마음먹은 대로 되지 않는다. 그러나 시도해 보자. 계획한 만큼의 종잣돈이 모이면 다양한 투자 자금으로 사용할 수 있다. 증권 등에 금융 투자를 할 수도 있고, 부동산 투자 자금으로 사용할 수도 있다. 미래의 풍요로운 생활을 준비하는 것이다.

단숨에 모아야 한다!

돈 모으는 기간을 너무 길게 잡으면 포기하기 쉬우므로 최대한 짧게 정하는 것이 좋다. 종잣돈을 모으는 과정은 힘들고 어려울 수밖에 없다. 돈을 모으는 동안 고통을 느끼지 않을 정도의 기간이 좋다. 대개 1~3년 정도가 적당하다.

반드시 안전한 금융 상품으로

은행의 적금을 활용하는 것이 좋다. 적금의 경우는 금리가 같더라도 이자 소득에 대한 세금이 있냐, 없냐에 따라 만기수령액이 차이가 나기 때문에 세금 우대나 비과세 혜택이 있는지 잘 확인해야 한다.

이자를 한 푼이라도 더 받기 위해서는 제2금융권의 상품을 살펴보는 것도 괜찮다. 물론 제1금융권보다 안정성이 떨어지지만 현행 예금자보호법을 잘 활용하면 안정성과 수익성을 동시에 확보할 수 있다.

기대 수익률을 높이고 싶다면 증권회사의 채권형 펀드에 일부를 적립하는 방법도 있다. 그러나 종잣돈을 모으는 데는 수익성보다는 안정성이 우선임을 기억해야 한다.

금융문맹 CASE 2
9만 원 아끼려다 50만 원 손해 본 A씨

A씨가 대출 상담을 받기 위해 주거래은행에 갔더니 신용대출 금리가 연 7.2%였다. 그런데 얼마 전에 카드사에서 보내온 안내장에는 1,000만 원까지 6.3%로 대출이 된다고 적혀 있었다. A씨는 급여가 이체되는 은 행을 주거래은행이라고 생각하여 금리 면에서 유리할 것이라고 예상했 지만, 오히려 카드사의 금리가 더 저렴했다.

은행 입장에서 볼 때 A씨는 급여 통장 하나 달랑 있는 돈이 안 되는 고 객이므로 금리를 싸게 줄 이유가 없다. 그러나 카드 회사 입장에서 보면 A씨는 카드로 지출한 금액을 매달 꼬박꼬박 카드회사에 내는 엄청난 우 량고객이므로 은행보다 금리를 싸게 줄 수 있는 것이다.

A씨는 당연히 금리가 싼 카드사에서 대출을 받았다.

그로부터 1년 후 A씨는 주택담보대출로 1억 원을 대출받을 일이 생겼다. A씨가 은행에 찾아가자 은행은 A씨가 제2금융권에서 대출했던 과거 이 력을 반영하여 금리를 연 0.5% 올렸다. 결과적으로 A씨는 연 50만 원 의 이자를 더 물게 된 것이다.

만일 은행에서 목돈을 대출할 일이 없다면 저렴한 금리를 이용해도 상관 없다. 하지만 나중에 은행에서 주택담보대출이나 사업자금대출 등 목돈 을 대출할 가능성이 있다면 당장 몇 푼 아끼는 것보다 은행 거래 실적을 쌓는 것이 현명하다고 볼 수 있다.

제1금융권인 은행은 대출 금리를 정할 때 과거에 제2금융권이나 제3금 융권에서 대출받았던 이력이 있으면 점수를 깎는다.

A씨는 1,000만 원을 카드사에서 연 6.3%의 금리로 빌림으로 해서 은 행에서 연 7.2%로 빌리는 것에 비해 1년간 9만 원의 대출이자를 아낄 수 있었다. 그러나 1년 후 은행에서 금리를 0.5% 올리는 바람에 결국 9 만 원을 아끼려다 50만 원을 손해 보게 된 것이다.

투자해서 돈을
벌겠다면 배워라

STUDY 22

투자 원칙의 기본은 돈을 잃지 않는 것

　　재테크에는 구체적으로 어떤 원칙이 필요할까? 돈은 벌고 싶은데, 잘못하다 원금을 까먹으면 어떻게 하나? 투자에 대해서는 누구든지 불안해한다. 우선 눈앞의 이익에 급급하지 말고 꾸준히 시장의 변화를 지켜보는 안목이 필요하다. 투자는 일찍 시작하되 인내심을 가지고 해야 한다. 남의 말에 혹하거나 남에게 내 돈을 대신 맡길 생각을 하지 말고, 소문이 아닌 정확한 정보를 바탕으로 스스로 판단해서 투자해야 하는 것이다. 따라서 투자는 꾸준히 공부해야 성공할 수 있다.

　　돈을 불리는 데 왕도는 없다. 그러나 반드시 기억해야 할 점은 너무 욕심을 부리면 모으기는커녕 오히려 잃게 된다는 것이다. 투자 목표를 과도하게 높게 세우는 것은 금물이다. 일확천금을 노리다 보면 손해 보기 십상이다. 눈앞의 이익에 급급하면 백전백패한다. 가장 중요한 것은 손해를 보지 않는 것이다. 이것이 바로 워렌 버핏이 인정한 최고의 재테크 비결이다.

워렌 버핏의 6대 투자 원칙

1. 투자 시점을 기다려 가격이 낮을 때 매수한다.
2. 단기 매매를 많이 하지 않고 소수의 종목에 장기 투자한다.
3. 주당 순이익(EPS)보다 자기자본이익률(ROE)이 15% 이상인 종목을 투자 기준으로 삼는다.
4. 꾸준한 매출 성장을 가져올 수 있는 장기적 경쟁력을 가진 독과점 기업을 사랑한다.
5. 향후 25년간 성장할 잠재력을 지닌 회사를 발굴하라.
6. 투자의 제1원칙은 돈을 잃지 않는 것이다.

투자의 3원칙: 수익성, 안전성, 유동성의 조화

투자란 돈을 벌기 위한 수단의 하나다. 그러나 돈을 벌기란 그리 쉽지 않다. 곳곳에 위험 요소가 숨어 있다. 남이 할 때는 얼마나 위험한지 잘 보이지만, 직접 투자할 때는 그 위험 요소가 잘 보이지 않는 경우가 많다. 직접 투자할 때는 객관적인 시각을 유지하기 어려워서다. 투자에 성공한 사람들은 공통적으로 직관적인 판단을 멀리한다. 그리고 정보를 활용한다. 검증되고 신뢰할 수 있는 정보인지 파악하고, 그 정보에 근거해서 판단하는 것이다.

● 수익성

높은 이자수익이나 가격 상승 이익을 기대할 수 있는 정도다. 돈을 얼마나 벌 수 있는지를 말한다. 당연히 다른 조건이 동일하다면 수익률이 높은 금융 상품을 택하자. 하지만 수익성이 높으면 당연하게 손해 볼 확률도 높아진다. 고위험·고수익(High Risk·High Return)이 그것이다.

● 안전성

원금이 보존될 수 있는 정도를 의미한다. 대개 수익성과 안전성은 반비례하기 때문에 안정성이 높으면 수익성은 낮다.

● 유동성

돈을 얼마나 쉽고 빠르게 현금으로 바꿀 수 있는지를 의미하며, '환금성'이라고도 한다. 별다른 손해 없이 쉽게 현금화할 수 있는 상품은 유동성이 높고, 현금으로 바꾸는 데 손해를 보거나 오래 기다려야 하는 상품은 유동성이 낮다. 수익성과 안전성이 조화를 이루었더라도 정작 필요할 때 찾아 쓸 수 없으면 그림의 떡이다. 돈이 필요할 시점에 꽁꽁 묶여 있게 된다면 아무리 좋은 투자 대상이어도 일단은 경계하자. 따라서 투자한 돈이 언제쯤 필요할지 미리 가늠해 놓아야 한다. 그리고 필요한 시점에 현금화할 수 있는 대상에 투자하도록 하자.

투자 성향과 생애주기

투자 성향이란 위험을 감내할 수 있는 성향을 말한다. 위험을 기피하는 성향의 사람은 원금 손실을 꺼리기 때문에 예·적금 같은 저축 상품에 투자하는 것이 적당하다. 이런 사람들이 주식에 투자한다면 조금만 주가가 떨어져도 불안한 상태가 되어 스트레스를 받게된다. 반대로 공격적인 투자 성향을 가진 사람들은 원금 손실의 위험이 따르더라도 많은 수익을 올릴 수 있는 주식에 투자하는 것이 좋다. 이런 사람들이 장기 적금 상품에 가입한다면, 오래 기다리지 못하고 바로 해약하여 손해를 보게 된다.

생애주기란 우리의 생애를 연령대별로 나눈 것으로, 각 주기의 특성에 따라 투자의 방법을 달리 해야 하는 것을 뜻한다. 예를 들어 은퇴를 목전에 둔 사람이라면 수익률에 집착해서 위험성이 높은 주식형 펀드에 집중 투자하는 것은 적절하지 않으며, 사회 초년생이 지나치게 원금 손실을 두려워해 적금 상품만 고집하는 것은 자금 관리를 적절하게 하지 못하는 것이다.

부자가 되고 싶다면
포트폴리오를 세우자

모든 투자에는 항상 손실의 위험이 따른다. 그러기에 수익성을 확보하면서도 최대한 안전한 투자 방법을 선택해야 한다. 투자는 미래의 수익을 위해 현재의 경제적 이익을 희생하는 것이다. 희생에 대한 대가를 얻기 위해서는 기본적으로 수익이 그 대가보다 커야 한다.

그러나 경제가 발전할수록 수익보다는 가계가 치러야 할 대가가 더 커지고 있다. 위험 요소가 다양해지고 있기 때문이다. 그래서 투자 위험을 최소화할 수 있는 방법을 강구해야 한다.

투자 위험에 대비할 수 있는 대표적인 방법은 포트폴리오를 세우는 것이다. 포트폴리오란 원래 서류가방이나 자료수집철을 뜻하는 말인데, 금융에서는 금융회사나 개인이 보유하고 있는 금융자산의 목록을 의미하고 특히 여러 금융자산에 분산 투자하는 경우를 말한다.

투자 성공률이 높은 포트폴리오를 위해서는 자신의 현황을 정확히 파악하고 정기적으로 점검해야 한다. 포트폴리오를 짤 때는 직접투자와 간접투자의 균형을 맞추어 양쪽의 장점을 모두 활용하는 것이 바람직하다. 목표 수익률과 자신이 감당할 수 있는 위험 수준을 미리 정한 다음 그에 맞는 포트폴리오를 구성해야 한다. 또한 우리나라 경제는 정치 및 경제적 변수에 취약하므로 포트폴리오를 구성할 때는 이러한 변화를 염두에 두어야 한다.

사람들은 대개 투자 금액이 적으면 포트폴리오가 중요하지 않다고 생각하지만, 적은 금액을 투자하더라도 반드시 분산 투자해야 한다. 소액이라도 포트폴리오를 만들어 투자하는 습관을 들여야 나중에 큰돈을 투자할 때 포트폴리오를 제대로 활용할 수 있게 된다.

투자의 종류

투자는 일반적으로 주식, 채권, 어음, 옵션 등의 유가증권에 투자하는 증권 투자, 토지, 건물 등의 부동산이나 기계, 설비, 골동품 등 고정 자산에 투자하는 실물투자로 구분된다. 투자 방식은 금융자산이나 실물 자산에 자신이 직접 투자하는 경우와 투자 전문가가 운용하는 집합에 간접적으로 투자하는 경우로 나뉜다.

'증권'이란 주식과 채권을 통틀어 말하는 것이다. 주식과 채권은 모두 유가증권(재산권을 표시한 증거 문서) 형태로 발행된다는 공통점이 있고, 이 '유가증권'의 줄임말이 증권이다. 주식은 회사에 투자하는 것으로, 회사에 이익이 발생할 경우 그 이익에 대해 배당받을 권리가 있는 반면 손해가 나면 그 손해를 감수해야 한다. 반대로 채권은 회사에 돈을 빌려주는 것이기 때문에 회사가 이익을 보든 손실을 보든 원금과 함께 이자를 돌려받게 된다.

투자 상품은 수익성이 높아지면 위험성도 함께 높아지므로, 안전 상품과 고수익 상품에 알맞게 나누어 투자하는 것이 바람직하다. 안전성은 높지만 수익성은 낮은 금융 수단은 예·적금, 안전성은 낮지만 수익성이 높은 금융 수단은 주식, 중간 정도의 안전성과 수익성을 지닌 금융 수단은 채권이라고 볼 수 있다.

STUDY 23

주식 투자로
돈을 벌려면

주식 투자는 투자자가 주식회사에 자금을 직접 투자하는 것이다. 주식을 가진 사람을 주주라고 하며, 투자한 회사가 이익을 내면 이익의 일정 몫을 배당금으로 받는다.

주식에 투자하려면 먼저 투자자가 주식거래를 할 수 있는 증권 계좌를 개설해야 한다. 직접 증권회사의 영업점을 방문할 수도 있고, 최근에는 직원이 직접 고객이 있는 곳으로 방문하여 계좌를 개설해주는 방문 개설 서비스를 제공하는 증권사도 있다. 또한 증권사와 은행의 제휴로 인해 은행을 통해서도 증권 계좌를 개설할 수 있다.

이후 개설된 계좌에 돈을 입금하여 원하는 회사의 주식을 직접 선택해서 사고팔게 된다. 이러한 방식을 '직접 투자'라고 하는데, 최근에는 투자자 개인이 주식에 직접 투자하지 않고 자산운용사 등 금융회사가 투자하는 주식형 상품에 가입하는 '간접투자'(펀드)가 많이 활용되고 있다.

기업은 주식을 발행해서 안정적으로 장기 자금을 조달하며, 투자자에게 다양한 투자처를 제공한다. 또한 투자 자금을 효율적으로 배분하여 생산성이 낮은 기업을 생산성이 높은 기업으로 이동시키고, 기업 공개 및 주식 지분의 분산, 배당금 등을 통해 개개인의 자본 소득을 증대시키며, 소득구조를 개선하는 역할을 담당한다.

주식의 종류

● 블루칩과 옐로칩

'블루칩'은 재무구조가 건실해 수익성, 안정성, 성장성이 높은 대형 우량주이다. '옐로칩'은 블루칩은 아니지만 양호한 실적을 올리는 중저가 우량주를 말한다. 코스닥시장에 상장된 건실한 중소기업도 여기에 포함된다.

● 경기 방어주와 경기 민감주

'경기 방어주'는 경기 동향에 영향을 덜 받는 기업의 주식으로 '경기 둔감주'라고도 한다. 경기 상승기에는 다른 종목에 비해 약세를 보이지만 경기가 하강할 때는 주가가 상대적으로 덜 떨어지고 안정적이 된다. 전력/가스/철도/의약품/식료품 등의 종목이 이에 해당한다.

'경기 민감주'는 경기에 따라 주가가 크게 변동하는 주식이다. 초기 투자 비용이 많이 들고 제품 가격도 비싼 자동차/철강/항공/운수/석유화학/건설/반도체 관련 주식이 여기에 해당한다. 이들 종목은 대부분 경기가 악화될 때는 소비가 큰 폭으로 줄어 손실의 확률이 높아지고, 경기가 좋을 때는 소비가 크게 늘어 수익을 낼 확률이 늘어난다.

● 테마주

'테마주'란 시장의 관심을 받는 주식을 말한다. 테마주의 경우 일주일 만에 100% 이상의 수익을 내기도 하지만 거품이 빠지면서 급락하는 경우가 많기 때문에 개인 투자자들은 큰 손실을 볼 위험이 크다. 테마주는 회사의 실적 등 내재 가치보다 미확인 정보 등에 의해 왜곡되는 경우가 많고, 불건전 세력이 루머를 확대·재생산하는 경우가 많아 투자에 주의를 기울여야 한다.

● 보통주와 우선주

'보통주'는 의결권과 배당권을 갖는 주식이다. 우리가 사고파는 일반적인 주식은 대부분 보통주이다. '우선주'는 의결권은 없는 대신 우선적으로 배당을 받을 수 있는 배당권만 있는 주식이다. 종목명에 흔히 (우)라는 표기가 붙게 된다.

● 상환주와 전환주

'상환주'(상환 우선주)는 우선주와 같이 이익을 배당받다가 일정 기간이 지나면 회사에서 액면가 또는 그 이상으로 되사서 소각하는 주식으로, 채권과 성격이 비슷하지만 부채가 아니라 자본으로 분류되기 때문에 발행회사에게는 재무구조를 탄탄히 해 주는 효과가 있다.

'전환주'란 우선주로 보유하고 있다가 일정한 요건이 이루어지면 미리 정한 비율에 의해 보통주로 전환할 수 있는 주식이다. 투자하고자 하는 회사의 경영 상태가 좋지 않은 경우에는 우선주로 보유하고 있다가 경영 상태가 개선되면 의결권을 가질 수 있는 보통 주식으로 전환할 경우 안전성과 수익성을 동시에 추구할 수 있다.

● 공모주와 국민주

'공모주'는 주식회사가 일반 투자자를 대상으로 자금을 공개 모집하는 주식이다. 재무구조가 튼튼한 회사가 신규 사업 등을 위해 자금이 필요하면 일반 국민을 대상으로 공모주 청약을 받는다. 이때 신문에 공모 일정이 게재되며 일반 투자자들은 은행이나 증권사에 계좌를 개설하고 증거금과 함께 청약을 신청하면 된다.

'국민주'는 정부가 소유한 공기업의 주식을 서민들에게 우선 배분하는 주식인데, 현재 정부 투자기관이 보유하고 있는 우량기업의 주식을 매각하여 보급하는 주식으로 그 의미가 확장되었다.

주식의 배당

주식을 보유한다는 것은 기업에게 자본을 투자하고 기업의 지분을 갖는 것이다. 기업이 이익을 내면 투자자가 보유하고 있는 주식의 지분만큼 수익금을 나누어주게 된다. 이것을 '배당'이라고 한다. 배당은 주식 투자의 1차적 수익인 것이다.

일반적으로 투자자들이 주식 투자를 통해 기대하는 수익은 매입 시점과 매도 시점의 가격 차이에서 오는 '시세차익'이다. 그러나 주식을 보유한다는 것은 기업에게 자본을 투자하고 기업 지분을 갖는 것이므로, 기업이 이익을 내면 투자자가 보유하고 있는 주식 지분만큼 수익금을 나누어 주게 된다. 즉 '배당'이란 회사가 한 해 동안 장사하여 남긴 이익을 주주들에게 나누어 주는 것이다. 배당은 현금 배당과 주식 배당으로 나뉜다.

● 현금 배당

'현금 배당'이란 이익을 주주에게 현금으로 지급하는 배당이다. 배당금을 현금으로 지급받기 때문에 해당 주식의 가치가 줄어들지 않는다는 장점이 있지만 소득세를 내야 한다는 단점이 있다.

● 주식 배당

'주식 배당'이란 이익 배당액을 액면가에 따라 주식으로 환산하여 주주들에게 배당하는 것이다. 주주총회의 결의에 따라 새로 주식을 발행해 배당한다. 회사 입장에서는 현금 지출이 없으므로 자금을 확보할 수 있는 이점이 있고, 주주의 입장에서는 주식으로 배당을 받기 때문에 세금을 내지 않는 장점이 있다. 그러나 회사의 전체 주식 수가 늘어나기 때문에 1주당 가격이 하락할 수 있다는 단점이 있다.

증권 투자 시 위험 회피 원칙 세 가지

투자의 3원칙을 잘 지켜서 좋은 투자 대상을 발견해냈다 하더라도, 투자 방법이 서투르면 남 좋은 일만 시키고 말 수 있다. 증권 투자의 경우를 따져 보자. 성급하게 돈을 벌겠다고 달려들면 백전백패한다. 신중한 의사결정이 필요하다. 그 원칙은 아래의 세 가지다.

● 장기 투자
증권 투자를 하려면 먼 미래를 내다보고 성장 동력 산업의 거점 회사에 투자하면서, 시세 차익보다는 배당금에 주목해야 한다.

단기 투자에는 위험 요인이 산재해 있다. 단기 투자는 전문 투자자 집단의 전쟁터다. 부자가 되고 싶다면 일단 피하자. 주가 등락에 일희일비하지 말고 신념을 갖고 투자의 3원칙을 지키면서 장기 투자하는 것이다. 투자를 오래 할수록 위험이 줄어들고 안정적인 수익을 기대할 수 있다.

● 분산 투자

달걀은 한 바구니에 담지 말라는 말은 잘 알려진 투자 격언이다. 이는 분산 투자의 필요성을 강조한 투자 요령으로, 미국 월가의 전설적인 펀드매니저 존 템플턴이 강조한 주식 투자 10계명 중 하나이다. 이처럼 템플턴은 독특한 투자 요령을 10계명으로 정리하여 제시했는데 간단히 소개하면 다음과 같다.

존 템플턴의 투자 요령 10계명

1. 전망이 비관적일 때 투자하라.
2. 인기 종목에 손대지 말라.
3. 기업의 내재 가치에 주목하라.
4. 달걀을 한 바구니에 담지 말라.
5. 실패를 두려워 말라.
6. 특정 종목에 몰입하지 말라
7. 모든 주가는 널뛰기한다.
8. 인기 없는 종목에서 한 방이 터진다.
9. 실질 수익률을 고려하라.
10. 투자 결과는 투자자의 책임이다.

요약하면, 남의 말을 믿지 말고 검증된 정보에 기초하여 스스로의 판단으로 블루오션을 개척하라는 것이다. 투자 정보는 구조적으로 불확실할 수밖에 없는 속성을 지니고 있다. 어떤 전문가가 한 말이라도 남의 말은 우리에게 무책임할 수밖에 없다. 그러니 그러한 말과 정보에 기초해서 투자하는 것은 손실로 가는 지름길이다. 더욱이 한군데에 몰아서 투자하면 그만큼 손실 가능성이 커진다. 이른바 몰빵 투자를 경계하라는 것이다. 부자가 되고 싶다면 특별히 귀담아둘 경고다.

● 종목의 분산과 투자 시점의 분산

투자하려는 주식의 종목을 분산하는 것도 필요하고, 투자 시점도 분산하여 가격 등락의 위험을 최소화하는 것도 필요하다. 한 종목에만 투자하거나 한 업종의 여러 종목에 투자하는 것보다는 여러 업종의 다양한 종목에 나누어 투자하는 것이 손실을 줄일 수 있다.

또한 투자하는 시점이 해당 종목 주가의 고점인지 저점인지 알수 없으므로 한 번에 전부 투자하기보다는 기간을 두고 나누어 투자하는 것이 손실을 줄일 수 있다. 직장인에게 유리한 증권 투자 방식으로 많은 전문가가 추천하는 적립식 펀드는 투자 시점 분산의 좋은 예이다. 한 몫에 특정 주식이나 펀드를 보유하게 되면 가격 등락의 위험을 고스란히 안을 우려가 크다. 그럴 때 그 주식이나 펀드를 조금씩 나누어 오랫동안 정기적으로 구입할 경우, 가격이 오를 때는 사 둔 증권의 가격이 올라서 좋고, 가격이 내릴 때는 내린 값으로 더 많은 증권을 구입하게 되어 좋다.

왜 나는 늘 손해를 볼까?

증권가에는 돈을 벌었다는 사람보다는 돈을 잃었다는 사람들이 많다. 누군가는 분명히 돈을 벌었을 텐데 주변을 둘러보면 돈 번 사람을 좀처럼 찾아볼 수 없는 것이다. 어딘가 써야 할 꼭 필요한 돈을 좀 더 불려 보겠다고 주식판에 뛰어들었다가 원금도 되찾지 못한 사람들이 수두룩하다. 증권회사 사람들은 주식 투자가 안전하다고 하고, 부동산이나 정기예금보다 수익률이 높은 투자 수단이라고 자랑하던데 나는 왜 손해를 보는 걸까?

그 이유는 주식 가격이 시시각각으로 바뀌기 때문이다. 주가에 영향을 미치는 요인은 다양하다. 경기의 좋고 나쁨, 금리 수준, 산업 전망, 환율의 변화와 같이 나라 경제 전체가 어떻게 변화하고 있느냐도 중요하지만, 기업의 경영 상태, 경영주에 얽힌 사건·사고, 투자자들의 자세와 같이 다양하고 미세한 요인이 주가 변동에 작용한다. 틀림없이 주가가 떨어질 것으로 예상되는 상황에서 값이 오르는 경우도 있고, 모든 전문가들이 주가가 오를 것이라고 전망하는 상황에서 오히려 값이 내리는 경우도 비일비재하다.

그래서 주가 변동에 영향을 미치는 정보들을 적절히 수집하고 분석해야 하는데, 우리에게 알려진 정보가 믿을 만한 것인지 확인할 방법이 없다. 제대로 된 정보라고 하더라도 그 정보를 적절하게 분석할 능력이 우리에게는 부족하다. 기관 투자자, 외국인 투자자, 전업 투자자가 서로 정보를 먼저 취득하고 분석해서 한 푼이라도 더 벌기 위해 전쟁을 치르고 있다.

장세가 폭발해도 개인 투자자들이 재미를 보지 못하는 이유는 이러한 주식 투자의 메커니즘에 있다. 좀 더 구체적으로 살펴보면 투자 정보의 불균형, 매매 시점의 포착 실패, 기대수익 과다 설정 등 이 세 가지가 개인 투자자의 판단을 흐리게 하는 것이다.

우선 투자 정보의 불균형을 생각해 보자. 매일 인터넷을 뒤지고, 주식 관련 신문기사를 분석하고, 개별 기업에 관한 최신 정보에 각종 투자기법을 적용하여 이쯤이면 확실하다 싶어 투자를 하는데도 주가는 미꾸라지처럼 도망을 간다.

이때 내가 가진 정보는 이미 남도 다 가지고 있는 정보라는 점을 생각해야 한다. 외국인 투자자나 기관 투자자, 전문 투자자 그룹의 조직력과 정보력은 거저 생기는 것이 아니다. 그들의 투자 자금은 우리와 같은 개인 투자자와는 단위부터가 다르다. 첨예한 정보 전쟁으로 만들어지는 주식 장세는 근본적으로 단위가 큰 투자자만 배불리는 구조가 되어 있는 것이다.

정보가 부족한 개미 투자자들은 매매 시점을 제대로 포착하기 어렵다. 아무리 전망이 좋은 주식을 선택했다 할지라도 투자할 때는 이미 대형 투자자들이 재미를 보고 나간 뒤이고, 막상 팔고 나오려 하면 이미 값은 떨어진 뒤다. 용케 좋은 시점에 주식을 매입했다 하더라도 매도 시점을 놓치게 된다.

주식 투자는 마이너스섬게임

주식 투자는 제로섬게임이라고 이야기하곤 한다. 버는 것과 잃는 것을 더해 보면 제로라는 것이다. 그러나 실제로 주식 투자는 마이너스섬게임이다. 벌 때와 잃을 때 모두 증권회사의 수수료가 붙기 때문이다. 수수료를 떼고 개인 투자자들이 잃은 부분을 기관 투자자와 외국인 투자자, 전업 투자자들이 나누어 갖는 것이라도 해도 틀린 말이 아니다.

시세 차익을 노리는 사람은 백전백패다. 단기간에 샀다 팔았다만 반복하면 수수료만 많이 물게 된다. 증권회사 사람들 좋은 일만 시켜 주는 것이다. 주가 그래프를 분석한다든가, 정교한 매매 프로그램을 적용하는 것도 개인 투자자의 몫은 아니다. 기계적인 판단을 하기가 어렵기 때문이다. 남이 벌었다고 하면 나도 벌 수 있을 것 같고, 남이 잃었다고 하더라도 나는 잃지 않을 것 같은 무모한 믿음이 합리적인 매매 시점을 놓치게 한다.

주식 투자로 돈을 벌려면

주식 투자로 돈을 벌기 위해서는 원칙에 충실해야 한다. 우선 수익률에 욕심을 부리지 않아야 한다. 적절한 수익률은 정기예금 금리의 두 배 수준이라고 생각하는 것이 바람직하다. 정기예금 금리가 2%라면 연간 투자액의 4%만 수익이 올라도 대박을 터트렸다고 생각해야 하는 것이다. 그런데 막상 주가가 오르게 되면 미련이 남아 조금만 더, 조금만 더 하고 버티기 마련이다. 그러다가 매도 시점을 놓치게 된다.

그래서 시세차익보다는 배당금에 주목하는 것이 바람직하다. 주식회사들은 매년 주주총회에서 배당금을 결정하는데, 건실한 회사는 정기예금 금리보다 높은 배당금을 배정한다. 그리고 배당금이 많은 회사는 대부분 경영에 자신이 있는 회사다. 성장 가능성도 높다. 그런 주식은 오래 가지고 있을수록 가격도 올라가기 마련이다.

중소형 주식에 손을 대는 것은 위험하다. 대형 투자자라면 중소형 주식 중에서도 전망 좋은 물건을 골라가며 전략적으로 투자할 역량이 있겠지만 일반 개인 투자자들은 그렇지 않다. 장기간에 걸쳐 대형 우량주를 차곡차곡 사 모으든지, 은행 금리의 몇 배 범위로 한도를 정해 주가가 오르면 팔고 내리면 사기를 거듭해서 종잣돈을 키워가는 것이 좋다. 주식에 묻어 놓은 돈은 목표 수익이 날 때까지 잊고 사는 것이 좋다. 그럴 자신이 없다면 차라리 돈이 생기는 대로 적립형 펀드에 가입하거나 빚이 있다면 빚을 갚는 편이 더 이익이다.

가급적 거래량이 많은 대형주 중에서 우리나라를 먹여 살리는 산업의 대표적 기업의 주식에 투자해 보자. 거래량이 많다는 것은 원할 때 바로 팔고 나올 수 있고, 그런 산업의 그런 기업은 장기적으로 발전 가능성이 높기 때문이다. 최소한 10년 이내에 문제될 가능성이 매우 희박하다. 그런 주식을 사 놓고 4, 5년 충분히 기다리고 나서 팔게 되면 나라 경제가 발전한 만큼은 우리도 돈을 벌 수 있다.

STUDY 24

채권은 상대적으로
안전한 자산

'채권'이란 불특정 다수로부터 자금을 조달할 목적으로 정
부나 공공기관, 특수법인 및 주식회사에서 발행하는 증권이다. 주식
이 기업에 투자하는 것이라면, 채권은 기업 또는 국가에게 돈을 빌
려주는 것이다. 채권은 정부나 기업의 차용증서로서, 원금은 얼마이
고, 이자는 얼마이며, 이를 언제까지 갚겠다고 하는 내용이 쓰여 있
고, 이 채권을 사고파는 것이 채권 투자다.

채권은 발행 주체에 따라 국채 및 지방채, 법률에 의해 직접 설립
된 공공기관이 발행하는 특수채, 일반 기업이 발행하는 회사채 등으
로 나뉜다. 주식이 기업 자산에 관한 권리를 나누어 갖는 방법이라
면, 채권은 기업의 권리를 나누지 않는 대신 이자를 지급하여 자금
을 유입하는 방법이다.

채권에 대한 모든 것

① 채권은 발행 시점에서 만기 후 돌려줄 이자와 원금 상환액 및 기준이 확정된다. 따라서 채권 발행 기관이 얼마나 이익을 냈는가는 지급하는 이자와 상관이 없다.

② 원금을 상환해야 하는 날짜인 만기가 정해져 있다. 따라서 만기 이자가 매우 중요하며, 투자하고 나서 만기까지 남은 기간(투자 잔존 기간)도 중요하다.

③ 채권은 상대적으로 안전한 자산이다. 주식의 경우 발행 주체인 기업이 도산하게 되면 투자 금액을 모두 잃게 되지만, 채권의 경우 빌려준 돈을 돌려받을 수 있는 권리가 남기 때문이다.

④ 국채나 공채는 채권 중에서도 안전하기 때문에 이자율이 시중 금리 수준에서 결정된다. 반면 일반 기업이 발행하는 회사채는 기업의 신용도에 따라 이자율이 천차만별이다.

⑤ 채권은 신용도가 높을수록, 만기가 짧을수록 돈으로 바꿀 수 있는 유동성이 커진다.

⑥ 채권은 정부나 기업이 장기자금을 조달하는 수단으로 활용된다.

⑦ 채권의 만기 수익률은 이자와 다르다. 만기 수익률은 채권 가격에 따라 달라지는데, 채권 가격이 낮아지면 그만큼 채권의 만기 수익률이 오르게 된다. 시중금리가 높아지면 채권 가격은 낮아지고, 금리가 낮아지면 채권 가격이 높아진다.

⑧ 채권은 법으로 발행 주체의 자격 요건과 발행 요건 등이 엄격히 제한되어 있다. 일반 차용증서와는 달리 법적인 제약에 의해 채권 투자자는 법적으로 보호를 받게 된다.

채권의 만기 수익

액면가가 100만 원, 확정금리 연 7%인 1년 만기 채권이 시중에서 103만 원에 거래되고 있다고 하자. 지금 시점에서 시중금리는 연 3% 대라고 가정한다. 만약 투자자가 은행에 100만 원을 예금하면 1년 후 103만 원을 받게 되므로, 7%의 확정이자를 주는 채권의 수익률이 상대적으로 높은 것이다. 따라서 사람들이 채권을 갖고 싶어 하게 되고 채권의 수요는 늘어나게 된다. 그러면 채권 가격이 비싸져 105만 원으로 오를 수 있다.

그런데 갑자기 시중금리가 4%대로 오른다고 가정하자, 채권 이자는 확정이자이므로 7%로 변동이 없지만 105만 원으로 구입한 투자자는 채권의 수익률을 상대적으로 높지 않게 느끼게 된다. 그렇게 되면 채권의 수요가 감소하고, 채권 가격도 102만 원으로 떨어질 수 있다

계산 편의를 위해 세금이 부과되지 않는다고 가정해 보자. 채권 가격이 떨어지기 전 105만 원에 구입한 채권의 만기 시 기대 수익은, 돌려받을 원금(100만 원) + 확정이자(7만 원) − 채권 구입 금액(105만

원)인 2만 원이다. 그러나 채권 가격이 떨어져 102만 원에 구입했을 경우 채권 만기 시 기대 수익은, 원금(100만 원) + 확정이자(7만 원) − 채권 구입 금액(102만 원)인 5만 원이 된다. 시중금리가 오르면 채권 수익은 떨어지고, 금리가 내리면 채권 수익이 오르게 되는 것이다.

채권에 투자하려면

안전하면서도 확정 수익을 보장하던 예금도 이제는 저금리로 가면서 장점이 줄고 대신 채권 시장의 인기가 높아지고 있다. 채권 투자는 은행 금리처럼 확정이자를 받을 수도 있고, 약간의 리스크를 감수한다면 더 높은 이자를 받을 수도 있기 때문에 예금 대체 상품으로 떠오르고 있다.

채권은 은행을 통해 투자할 수도 있지만 주로 많이 이용하는 방법은 증권사를 통해 투자하는 것이다. 증권사 계좌를 개설한 후 증권사를 방문해 직접 투자할 수도 있고, 증권사 홈페이지나 전용 HTS(홈트레이딩시스템, 집이나 사무실의 컴퓨터에서 주식 거래를 할 수 있는 프로그램)를 이용해 투자할 수도 있다.

채권의 만기는 보통 2~3년 정도이므로 자신의 재무 상황에 맞는 투자 기간을 고려하여 상품을 골라야 한다. 만약 채권 가격이 초기 구입 시보다 떨어지더라도 만기 유지 시 적어도 시중금리에 비해 높은 약정 금리를 받을 수 있기 때문에 만기까지 유지하는 것이 더 효과적이다.

채권 투자할 때 가장 중요한 것은 채권을 발행하는 주체의 신용등급을 확인하는 것이다. 주식 투자를 할 때 어떤 곳에 투자할지 그 종목은 얼마나 안전하고 상향 가능성이 있는지 미리 확인하고 투자하는 것과 비슷하다. 보통 채권은 신용등급을 기준으로 원리금 지급 능력의 정도를 판단하고 그 판단에 따라 등급을 나누어 분류한다.

회사채의 경우 좋은 신용도를 갖고 있는 회사는 리스크가 적기 때문에 수익률도 함께 낮아진다. 그러므로 신용도가 B 정도인 기업 중에서 알짜인 회사를 찾는 것이 좋다. 등급이 조금 낮더라도 탄탄한 회사에 투자한다면 채권 수익률을 더욱 높일 수 있다.

회사채 신용등급

	신용등급	정의
투자등급	AAA	원리금 지급 능력이 최고 수준임.
	AA+	원리금 지급 능력이 매우 우수하지만, AAA 등급보다는 다소 낮음.
	AA	
	AA-	
	A+	원리금 지급 능력이 우수하지만, 상위 등급보다 장래의 환경 변화에 따라 영향을 받기 쉬움.
	A	
	A-	
	BBB+	원리금 지급 능력이 양호하지만, 장래의 환경 변화에 따라 낮아질 가능성이 있음.
	BBB	
	BBB-	

	BB+	원리금 지급 능력에 당장 문제는 없으나, 장래 안정성 면에서는 투기적인 요소가 내포되어 있음.
	BB	
	BB−	
	B+	원리금 지급 능력이 부족해 투기적임.
투기등급	B	
	B−	
	CCC	원리금 지급 능력에 불안 요소가 있으며 채무불이행 가능성이 있음.
	CC	원리금 지급 능력에 불안 요소가 있으며 채무불이행 가능성이 높음.
	C	원리금 지급 능력에 불안 요소가 있으며 채무불이행 가능성이 매우 높음.
−	D	현재 원리금 상환 불능 상태임.

STUDY 25

펀드는
저축이 아니라 투자다

<u>종잣돈을 모았다면</u> 이런 고민이 들 것이다. 이 돈을 어디다 맡겨야 하나? 은행의 정기예금 금리는 너무 낮고, 부동산에 투자하자니 돈이 부족하고, 주식 투자를 하려니 돈을 잃을까 걱정이 되고, 그래서 생각하는 것이 펀드 투자다. 그런데 큰 수익률을 기대하지만 막상 성적표는 초라한 경우가 많다. 왜 그런 걸까?

펀드란 우리가 투자전문회사에 돈을 맡기면 그 돈을 모아서 투자 전문가들이 다양한 금융자산에 투자하고, 그 이익금을 투자 금액에 따라 분배하는 간접투자 상품이다. 투자 결과 손해가 나면 개인 투자자들이 투자한 규모에 따라 그 손실을 나누게 된다. 따라서 펀드는 저축이 아니다. 위험부담이 만만찮은 투자 상품이다.

물론 투자전문회사는 이익이 나든 손실이 나든 투자한 돈에 비례해서 수수료를 떼어 간다. 펀드 같은 투자 상품을 두고 업계에서는 집합투자 상품 또는 간접투자 상품이라고 한다. 여러 사람이 맡긴 돈을 모아 투자하고, 전문가가 우리 대신 투자해 주기 때문이다.

펀드는 일반적으로 투자신탁과 뮤추얼펀드(회사형 투자신탁)로 나뉜다. 투자신탁은 우리가 투자한 돈으로 투자전문회사가 수익증권을 사는 구조이고, 뮤추얼펀드는 우리가 투자한 돈으로 가상의 주식회사를 만들고 그 회사가 수익증권을 사도록 하는 것이다. 우리는 그 가상 주식회사의 주주가 된다. 우리나라에서는 투자신탁의 형태가 많아, 보통 펀드라고 하면 투자신탁 상품을 일컫는 경우가 대부분이다.

펀드는 주식 투자처럼 우리가 일일이 주식을 고르고, 사고파는 시점에 대해 고민할 필요 없이 돈을 맡기기만 하면 되기 때문에 금융회사에 돈을 저축한 것으로 착각하는 경우가 있다. 은행에서도 펀드에 가입할 수 있기 때문이다. 그러나 은행은 펀드를 판매한 회사일 뿐이다.

펀드에 돈을 맡긴다는 것은 저축 활동이 아닌 투자 활동이다. 돈을 벌 수도 있지만 잃을 수도 있다. 펀드 투자로 잃은 돈은 내가 책임져야 한다. 은행은 아무 상관이 없다. 돈을 직접 굴린 자산운용회사도 책임을 지지 않는다. 내가 돈을 잃는 순간에도 은행이나 자산운용회사 직원들은 여전히 월급을 받고, 심지어는 보너스까지 챙긴다.

매월 일정액을 불입하는 적립식 펀드는 정기적금과 불입 방식이 유사하기 때문에 저축이라고 착각하기 쉽다. 그러나 적립식 펀드도

엄연한 투자의 일환이기 때문에 원금을 잃을 수 있고, 그 결과에 대한 책임은 돈을 맡긴 우리가 지게 된다.

펀드 회사의 종류

● 판매회사

펀드 판매회사는 투자자에게 직접 펀드의 내용에 대해 상담하고 판매하는 일을 한다. 은행, 보험회사, 증권회사가 판매회사다.

● 자산운용회사

운용회사는 투자 전문가(펀드매니저)를 고용해서 투자자에게 모은 자금을 주식, 채권 및 부동산, 실물자산 등에 투자하는 일을 한다. 자산운용회사라고도 부른다.

● 신탁회사

투자자들이 맡긴 돈을 안전하게 보관·관리하고, 자산운용회사의 펀드 운용을 감시하는 회사다. 은행, 증권회사, 보험회사, 증권금융회사가 그 일을 한다.

펀드의 종류

펀드투자는 간접투자이기 때문에 투자하는 데 많은 시간이 필요하지 않다. 그러나 상담 직원을 100% 믿는다거나 정보 탐색도 하지 않고 투자를 결정하는 것은 매우 위험하다. 펀드에 투자하려면 기본적으로 수익률의 범위와 조건을 정확히 따져 봐야 한다. 자세한 내용은 한국금융투자자보호재단 홈페이지(http://www.invedu.or.kr)를 찾아 구체적으로 살펴보자.

● 위험을 감수하고 고수익을 추구하는 주식형 펀드

주가 상승에 따른 이득을 얻기 위해 주식이나 주식 관련 파생상품에 60% 이상 투자하여 위험을 감수하며 고수익을 추구하는 펀드다. 주식형 펀드의 수익률은 주가나 파생상품의 가격 변동에 따라 매일 상승하거나 하락하며 투자 원금을 잃을 위험도 크다.

일반적으로 주식 투자에서는 소액의 개인 투자자가 여러 종목에 분산 투자하기가 쉽지 않다. 그러나 펀드는 개인 투자자들의 소액을 모아 거대 자금을 만들게 되므로 대형 우량주를 비롯해 많은 종목에 분산 투자할 수 있어 개인이 주식 투자할 때보다 상대적으로 수익성과 안전성을 동시에 추구할 수 있다. 또한 전문 투자자가 정보 수집 및 분석, 위험관리 측면에서 조직적으로 움직이기 때문에 개인 투자자에 비해 돈을 벌 수 있는 가능성이 높다.

● 경기가 불황일 땐 채권형 펀드

채권형 펀드는 주식에 전혀 투자하지 않고 국공채나 회사채를 비롯해 단기 금융 상품(기업어음 CP, 양도성예금증서 CD)에 투자하는 펀드다. 매입한 채권의 이자수익과 매매차익을 통해 정기예금 이상의 수익률을 올리려 하는 것이다. 채권형 펀드도 실적에 따라 수익금을 분배하므로 원금을 반드시 보장해 주지는 않는다.

채권형 펀드에 투자할 때에도 어떤 채권에 투자하는지, 그 채권의 만기와 신용등급 등을 미리 파악해 두어야 한다. 투자 채권의 종류가 불분명하거나 지나치게 짧은 기간에 높은 수익을 올리려는 펀드는 피하는 것이 좋다. 일반적으로 금리가 오르면 채권 수익률이 하락하고, 금리가 내리면 채권 수익률이 상승하는 법이므로 금리 상승기에는 채권형 펀드 가입을 피하는 것이 좋다.

● 안정성과 수익성을 추구하는 혼합형 펀드

혼합형 펀드는 채권혼합형과 주식혼합형으로 나뉜다. 주식혼합형 펀드는 주식 편입 비율이 50~60% 미만으로 다소의 손실 위험이 있으나 상대적으로 높은 수익을 추구하기 때문에 비교적 공격적인 투자자에게 적합하다. 채권혼합형 펀드는 주로 채권에 투자하면서 일부를 주식에 투자하는 펀드로 비교적 안정적인 수익을 추구하려는 투자자에게 적합하다.

투자 방법에 따른 분류

● 거치식 펀드와 적립식 펀드

거치식 펀드는 한 번에 목돈을 투자하는 펀드고, 적립식 펀드는 적금처럼 일정 기간마다 일정 금액을 나눠 장기간 투자하는 펀드다.

적립식 펀드는 한꺼번에 많은 돈을 투자하지 않기 때문에 상대적으로 투자 위험이 낮다. 적립식 펀드는 거치식보다 안전하다고 알려져 있다. 매달 일정 금액을 투자하기 때문에 주가가 낮을 때는 많은 수량을 많이 사들이고, 주가가 높을 때는 적게 사들여 주식의 평균 매입 가격을 낮추는 효과 때문이다. 이를 '평균 매입 단가 하락 효과'(코스트 에버리지 효과)라고 한다. 적립식 펀드는 소액투자가 가능하다. 그러나 운용 실적에 따라 수익률이 달라지기 때문에 원금을 잃을 가능성이 있다.

거치식 펀드는 처음부터 목돈을 한꺼번에 투자하는 방식이다. 단기간에 고수익을 추구하는 만큼 그만큼의 위험을 감수해야 한다. 따라서 거치식 투자 방식은 투자 경험이 풍부하고 주식 시장의 흐름을 파악하고 있는 사람에게 적당하다. 또한 투자시 여유 자금과 장기 투자로 접근해야 한다.

● 인덱스 펀드

인덱스 펀드는 주가지수 펀드라고도 하는데, 우량 주식을 묶은 평균 가격으로 투자 지수를 개발하고 분산 투자하여 투자 수익을 주식

시장의 평균 수익률에 접근시키려는 펀드다. 인덱스 펀드에는 주가 지수 산정에 영향력을 크게 미치는 종목들이 편입된다. 펀드 운용회사는 각 업종의 주가 흐름을 대표할 수 있는 종목으로 인덱스를 구성한다.

● 하이일드 펀드

하이일드 펀드란 신용등급이 낮은 투기 등급의 채권에 집중 투자하는 고수익, 고위험 펀드다. 대부분 고위험 기업어음(CP)에 자산의 50% 이상을 투자하고, 나머지는 국채 등 비교적 안전한 채권 및 주식에 투자한다. 그러나 기본적으로는 고위험 상품이므로 투자에 각별한 주의를 기울여야 한다.

● 재간접투자 상품:
펀드랩, 엄브렐러 펀드, 재간접 펀드

펀드랩은 은행이나 증권회사의 전문적인 금융자산관리사(FP)가 시중에서 판매하는 다양한 펀드 중에서 우량한 펀드를 찾아 적절하게 분산 투자하는 재간접투자 상품이다. 일반적인 펀드는 소액 투자가 가능하지만, 일단 투자하고 나면 다른 펀드로 옮겨 다닐 수가 없다. 그런데 펀드랩은 최소 가입 금액이 제한되어 소액 투자하기 어려운 반면, 여러 펀드를 옮겨 다닐 수 있기 때문에 전문가에 의한 맞춤형 관리가 가능하다.

투자자는 일반 펀드보다 더 높은 수수료를 지불해야 한다. 매년 투자 금액의 1~3% 정도의 수수료를 내는 것이 일반적이다. 또한 3 개월 이내에 포트폴리오를 재조정할 경우에는 환매수수료를 내야 한다. 따라서 포트폴리오를 바꾸려면 사전에 수익률이 얼마나 되는 지 확인해 보고 결정해야 한다.

금융자산관리사가 한 계좌 안에서 투자자 개개인의 투자 성향에 맞추어 포트폴리오를 구성하고 랩(wrap)으로 싸듯이 따로 포장하여 굴려 주며, 투자하는 펀드의 종목 변경, 매매 시점 자문 등 우리에게 필요한 서비스를 일괄적으로 제공하기 때문에 펀드랩이라고 부른다. 물론 서비스를 받은 대가로 수수료를 지불해야 한다.

엄브렐러 펀드는 하나의 모 펀드에 주식형, 채권형 등 동일한 펀드 운용회사가 운용하는 다양한 펀드로 하위 펀드를 구성하고, 추가 수수료 없이 자유로이 옮겨 다니게 한 펀드다.

재간접 펀드는 투자운용사가 여러 펀드에 분산 투자할 수 있도록 하여 투자 위험을 낮춘 펀드다.

펀드랩은 엄브렐러 펀드나 재간접 펀드와 유사하지만, 다양한 펀드 운용 회사의 펀드를 선택할 수 있고, 해외 펀드에 투자할 경우 절세가 가능하다는 점에서 상대적으로 유리한 점이 더 많은 투자 상품이라고 할 수 있다.

● 사모 펀드

사모(私募) 펀드는 소수의 투자자로부터 비공개적으로 모은 자금을 투자하는 펀드다. 시장에서 공개적으로 모집한 자금을 투자하는 펀드는 공모(公募) 펀드라 한다. 공모 펀드에는 많은 규제가 있지만 사모 펀드에는 별다른 규제가 없다. 우리가 뉴스에서 많이 접하는 헤지 펀드란 자산운용의 효율을 높이기 위해 다양한 전략을 구사할 수 있도록 규제가 완화된 사모 펀드의 일종이다.

사모투자전문회사(PEF)는 일반적으로 투자한 회사의 경영권에 참여하고, 사업구조 또는 지배구조 개선을 이루어 투자 이익을 실현하려고 한다. 사모투자전문회사는 투자 대상 기업에 대한 실사를 통해 회사의 구체적인 정보를 얻고, 투자 타당성 등을 검토한 후 투자를 집행한다.

투자 이후에는 임원 파견 등으로 회사의 경영에 직접 참여하고, 경영·재무 자문 서비스 제공으로 기업의 가치를 높여 다른 투자자에게 매각하거나 증권시장에 상장하여 투자 자본을 회수하게 된다.

펀드 투자에 성공하는 법

좋은 펀드란 어떤 것일까? 누구든 펀드에 투자하기로 결심할 때는 원금 손실의 우려가 없고, 수익률이 높으며, 필요할 때 바로 찾아 쓸 수 있는 펀드를 찾게 된다. 우리는 이미 수익성과 안정성, 유동성은 서로 상충된다는 투자의 3원칙을 알고 있다. 그중 유동성 문제는 고려할 필요가 없다. 어떤 펀드이든 현금화하는 데는 영업일 3일이 소요되기 때문이다. 따라서 문제는 수익성과 안정성이다.

100% 안전한 펀드란 없다. 간혹 증권회사별로 원금보장형 상품을 내놓기도 하지만, 투자할 때는 증권회사가 원금을 100% 보장해 준다고 약속하는 것인지, 아니면 원금 훼손 우려가 거의 없다는 것인지를 잘 확인해 봐야 한다.

① 가장 먼저 생각해 둬야 할 점은 욕심을 줄여야 한다는 것이다. 다른 투자자보다 얼마라도 더 벌겠다고 욕심을 부리면 반드시 위험해진다. 시장 평균 수익률의 80% 정도로 목표 수익률을 낮게 잡을 필요가 있다.

② 직접 펀드에 대한 정보를 수집하고 분석해야 한다. 창구 직원이나 주변 사람들의 말은 참고가 될 뿐이다. 자료는 인터넷으로 충분히 찾아볼 수 있다. 금융감독원이나 전국투자자협회 홈페이지에 들어가면 우리나라에서 판매되는 모든 펀드 상품의 수익률을 찾아볼 수 있다.

발매 초기의 상품은 기록을 비교하기 어려우니 가급적 제외하고, 연간 수익률이 전체 평균을 넘어서면서도 비교적 안정적인 펀드를 고르자. 펀드는 담당 펀드매니저가 운용하는 것이다. 그러기에 동일한 내역으로 구성된 펀드라 하더라도 펀드매니저의 성향과 상황 판단 능력 등 운용 역량에 따라 수익률이 달라진다. 증권가 찌라시 등으로 흘러 다니는 정보에 현혹되지 말고, 실적 정보에만 관심을 두면 절반 이상은 성공한다.

③ 지수 연동 상품에 주목하자. 코스피 지수나 블루칩 지수도 좋

고, 앞으로 우리 경제를 끌고 나갈 가전·반도체, 유화, 자동차, 보건·의료, 제약, 화장품, 문화·스포츠 산업도 유망하다. 개별 기업에 투자하는 펀드보다는 유망 산업군의 선도 기업을 묶어 투자하는 펀드가 바람직하다. 해외 펀드는 안정성을 기대하기 어려우니 신중을 기해야 한다.

④ 목돈을 한꺼번에 투자하지 말고 적립형으로 일정 금액을 매월 정기적으로 장기 투자하자. 장세가 좋을 때는 기준가가 올라서 좋고, 장세가 나쁠 때는 매입량을 늘릴 수 있어 좋다. 가격 등락에 지나치게 예민하게 반응하는 것은 바람직하지 않다.

단기간에는 가격이 오르내리더라도 일반적으로는 우리 증권시장의 속성상 짧게는 2년 길게는 5년 단위로 가격 구조가 상향 조정되고 있다. 욕심을 부리지 않고, 자료 분석을 통해 안정적으로 지수 연동형 상품을 골랐다면, 가격이 올라간다는 확신을 갖고 기다리자.

STUDY 26

파생상품,
얼마나 위험한가?

미래 가격에 투자하는 금융 상품

투자의 귀재라고 알려졌던 사람들이 파생상품에 손을 댔다가 큰 손해를 봤다는 기사나 이야기를 들어 본 적이 있을 것이다. 원금은커녕 가진 재산 다 날리고 비참한 파국을 맞았다는 것이다. 파생상품이 대체 무엇이기에 그렇게 무서운 일들이 벌어지는 걸까?

파생금융상품은 투자 대상물의 가격 변동을 예측하여 미래 가격에 투자하는 금융 상품이다. 그 대상은 곡물 · 원유 · 금 등 일반 상품은 물론 주식 · 통화 · 금리 등 금융 관련 상품 등 합리적 방법으로 가격을 산출할 수 있는 것이면 대부분 포함된다. 투자 상품이 기본 대상물의 미래 가격에서 파생되었다고 해서 파생상품이라고 한다.

파생상품은 적은 돈으로 높은 수익을 기대할 수 있지만, 손실 시 원금 이상의 엄청난 돈을 손해 볼 수 있으므로 특별히 주의해야 한다. 미래의 예측 가격을 매매하는 구조이기 때문에 일반인에게는 투기 활동에 가깝다. 복권을 사서 당첨이 안 되면 원금만 날리게 되지만, 미래 가격이 예측과 다르게 되면 엄청난 손실을 감당해야 한다.

이렇듯 파생금융상품이 개인 투자자에게는 위험한 투자 수단이지만, 나라 경제 전체를 놓고 볼 때는 미래 가격이 어떻게 변할지 전망하는 도구로 활용되기도 하며, 향후 금융 시장에서 발생할 가능성이 있는 위험을 회피하도록 도와주는 수단이 되기도 한다.

파생금융상품의 종류

파생금융상품은 보통 선도, 선물, 옵션, 스왑 등으로 나뉜다. 계약하는 기초 자산의 종류에 따라서는 통화, 금리, 주식, 신용 관련 상품 등으로 구별된다. 또한 거래가 장내에서 이루어지느냐, 장외에서 이루어지느냐에 따라 장내거래 상품과 장외거래 상품으로 구별된다.

● 선도거래와 선물거래

선도거래와 선물거래는 둘 다 기초 자산(통화, 금리, 주식 등)을 미리 정한 계약 조건으로(미래의 특정 시점에 특정 가격과 수량) 현재 시점에서 앞당겨 사고파는 것이다. 선도거래는 장외시장에서 이루어지는 반면, 선물거래는 공인된 거래소인 한국거래소(KRX)에서 이루어진다. 선물계약은 거래 금액의 10% 정도의 계약 증거금을 걸면 체결되므로 높은 수익을 기대할 수 있지만 여차하면 투자한 돈보다 훨씬 더 많은 손해를 볼 수도 있는 위험한 상품이다.

● 옵션(콜옵션, 풋옵션)

옵션이란 미래에 지정해 둔 날(또는 그 이전)에, 투자 대상이 되는 특정한 상품을 미리 정해 둔 가격으로 사거나 팔 수 있는 권리(선택권)다. 이때 살 수 있는 권리를 콜옵션(call option), 팔 수 있는 권리를 풋옵션(put option)이라고 한다.

● 스왑(통화 스왑, 금리 스왑)

스왑이란 두 가지의 금융자산(통화, 금리 등)의 거래 조건을 서로 교환하는 것이다. 두 가지 통화에 표시되어 있는 원리금 상환 의무를 맞교환하는 것이 통화 스왑이고, 변동금리와 고정금리 등 채무의 금리 조건을 서로 맞교환하는 것이 금리 스왑이다.

주가 연계 상품과 주가지수 연계 상품

주가 연계 상품 또는 주가지수 연계 상품은 특정 주식의 가격이나 주가지수가 오르고 내림에 따라 수익이나 손실이 결정되는 금융 투자 상품이다. 가격이 미리 정해진 조건과 일치하면 미리 정해진 수익률을 얻을 수 있고, 조건과 일치하지 않을 경우에 손실을 볼 수도 있다는 점에서 파생상품과 유사하다. 주식 거래에서는 보유 금액보다 2.5배 많은 금액을 주문할 수 있는 증거금 제도가 적용되지만, 주가 연계 상품은 원금만큼만 투자할 수 있고 여차하더라도 원금만큼만 손실을 본다는 점에서 파생상품이 아닌 증권 상품이다.

주가 연계 상품에는 ELS(주가연계증권)와 ELF(주가연계펀드)가 있다. ELS는 증권회사에서 발행하는 상품으로, ELS에 투자하면 증권회사는 투자금의 일부를 채권에 투자하여 원금의 일정 부분을 보장하고, 나머지는 주가지수 또는 개별 종목에 투자하여 수익을 창출한다. ELS는 만기 전에 현금화하기가 어렵다. 만기는 3개월~2년인데 대개 1년 이하의 단기 상품이 주종을 이룬다.

주가지수가 상승할 때 일정한 수익을 얻을 수 있도록 하는 것부터 주가지수 등락 구간별 수익률에 차이가 나게 하는 것 등 다양한 유형이 있는데, 일반적으로 원금보장형 · 원금부분보장형 · 원금조건부보장형의 세 가지로 나뉜다.

ELF는 투자신탁회사가 발행하는 상품으로, ELS에 투자하거나 다른 파생금융상품에 투자하여 수익을 창출하려는 펀드다. ELF는 ELS와 달리 은행에서도 가입할 수 있으며, ELS는 상품에서 발생한 모든 차익에 세금을 부여하지만, ELF는 펀드이기 때문에 채권의 채익에 대해서만 과세를 하고, 주식에 대해서는 비과세이다. ELS나 ELF는 둘 다 원금 보장 형태에 따라 원금 손실의 위험을 감수해야 한다.

STUDY 27

내 집 마련과 부동산 투자는 다르게 접근

부동산 투자란 돈을 벌 목적으로 부동산을 사 놓는 것을 말한다. 그런 의미에서 부동산 투자와 내 집 마련은 다르게 접근해야 한다. 부동산이란 사전적으로 토지나 건물처럼 움직여서 옮길 수 없는 재산으로, 민법상 토지 및 건물, 심겨진 나무와 같은 토지의 정착물을 의미한다.

부동산은 투자의 3원칙에 비추어 볼 때 다른 투자 수단에 비해 안정성은 매우 높으나, 수익성은 시장 여건이나 투자하려는 부동산의 입지에 따라 제각각이고, 유동성은 매우 낮은 편이다.

내 집 마련의 경우

가격이 가장 중요한 선택 요인으로 작용하지만 그 밖에도 ① 교통, 쇼핑, 교육, 의료, 금융, 문화 등의 생활 인프라, ② 주거 단지인지, 아파트 등 공동주택의 경우 대규모 단지인지 아니면 단독 단지인지, 평지 또는 언덕에 위치하고 있는지 등의 지역 특성, ③ 바람은 잘 통하는지, 햇볕은 잘 드는지, 녹지와 주차장은 잘 갖추어져 있는지, 공원이나 산책로가 인접해 있는지, 쓰레기 집하장의 위치는 어디에 있는지 등의 정주여건을 살핀 후 결정하여야 한다.

우선 내 집 마련을 위한 마스터플랜을 세우자. ① 내 집 마련 시기를 따져 보고, ② 그때의 생애주기에 맞추어 원하는 집의 크기를 정하자.

다음으로 그때까지 모을 수 있는 최대한의 금액을 주택 자금으로 모으자. ③ 빚이 있다면 빚부터 갚아야 한다. 아무리 높은 저축 이율이라도 대출 이율보다는 낮기 때문이다.

④ 주택청약종합저축에 가입하자. 매월 2만 원에서 50만 원 사이의 금액을 자유 납입할 수 있는데, 공공주택이나 민영주택을 가리지 않고 신규 청약을 할 수 있을 뿐 아니라 일반 적금에 비해 이자율도 높은 편이다.

⑤ 남는 돈은 원금보장형 적립형 펀드에 가입하자. 위험 가능성이 없으면서도 높은 수익률을 기대할 수 있다.

⑥ 신용 관리도 철저히 해 두어야 한다. 돈이 모자랄 경우 대출을

받아야 하는데, 이때 신용도가 높으면 대출을 받기 쉽고, 이자율에서도 혜택을 받을 수 있다.

⑦ 가급적이면 빚을 지지 않거나 최소화하여 그때의 자금 형편에 맞추어 지역이나 주택의 종류, 크기 등을 맞추는 것이 좋다. 당장은 조금 좁거나 불편하게 느껴져도 빚으로 인한 이자를 지급하기보다 저축에 보태서 더 나은 집으로 이사 갈 가능성을 높일 수 있기 때문이다.

투자 목적의 부동산이라면

투자를 목적으로 한다면 기획 부동산 투자에서 흔히 나타날 수 있는 사기 가능성과 유동성을 가장 먼저 따져 봐야 한다. 또한 개발 호재, 시장 여건 등을 확인하여 기대 수익률을 미리 산정할 필요가 있다.

부동산 투자에 성공하기 위해서는 증권 투자에서와 마찬가지로 목표 수익률을 미리 설정하고, 원하는 수익을 얻으면 부동산 매도로 투자 자금을 회수하는 것이 바람직하다.

수익률을 계산할 때는 투자 자금을 정기예금으로 넣었을 때의 이율, 부동산 중개료 및 취득세, 등록세는 물론 양도소득세와 재산세 등 부동산 보유와 관련한 세액을 반영해야 한다.

이를 좀 더 세분해서 살펴보면 다음과 같다.

1. 투자 금액, 투자 기간, 투자 목적 결정
2. 투자 안전성 검토
3. 투자 적합성 검토: 정주여건 확인(내 집 마련) 또는 수익성 분석(투자 목적)
4. 유동성 점검: 투자 자금 회수 가능성
5. 실효 수익률 비교: 이자율, 부동산 중개료 및 각종 부동산 세액 등을 고려
6. 투자 자금 확보 및 계약 과정 밟기

막연히 개발 호재가 있다는 기대감으로 시세 차익을 바라고 무리하게 대출을 받아 투자하거나, 부동산 중개인의 설명에 무조건 따라서 투자하는 것은 위험하다. 발품을 팔아 정확한 정보를 수집하고, 공인중개사 등 전문가와 의견을 교환하면서 유동성, 수익성, 안정성을 객관적으로 분석하여 투자의 실효성을 따져 봐야 한다.

판단은 신중하게 하되 행동은 신속해야 한다. 부동산은 동일한 물건이 동시다발적으로 존재하지 않기 때문에 판단 즉시 움직이지 않으면 매수 시기를 놓치기 쉽다.

부동산 투자에서
실패하지 않으려면

첫째, 충동적으로 매스컴이나 남의 말에 의존하지 말아야 한다. 신문이나 케이블 TV에는 부동산과 관련한 다양한 기사가 쏟아진다. 그중에는 가격이 상대적으로 저렴하면서도 수익률이 높다는 부동산을 추천하는 기사가 많다. 부동산 중개소를 방문해 봐도 추천 매물을 많이 제시한다. 그 말을 그대로 믿고 따른다면 손실을 볼 위험이 커진다. 내재 가치가 낮은데도 거품이 조성되어 있는 경우가 많기 때문이다. 그런 부동산은 나중에 팔려고 내놓아도 외면받기 쉽기 때문에 현금화가 어렵거나, 큰 손해를 입고 팔게 될 우려가 있다.

사기성 기획 부동산 업자의 경우, 거짓된 개발 호재로 투자자를 유인한 후, 부동산을 작은 단위로 분할하여 몇 천만 원 이내의 적은 돈으로도 부동산을 구입할 수 있다고 속이는 수법으로 쓸모없는 부동산을 팔아 치우는 경우가 비일비재하다.

둘째, 위험 가능성을 줄인다는 명목으로 적은 돈을 분할해서 투자하는 것은 바람직하지 않다. 부동산의 경우 정상적인 투자로 기대 수익률을 높이려면 어느 정도 규모의 경제가 필요하다. 한 곳에 집중 투자해야 수익률을 높일 가능성이 커진다.

부동산 투자에 관심을 두기 시작하는 40~50대의 경우 투자 자금에 여유가 있는 경우는 많지 않다. 어렵게 모은 돈을 잃지 않으려고 몇 곳에 분산 투자하다 보면 내재 가치가 높은 투자 대상을 찾기 어렵게 된다. 위험을 회피하겠다고 분산 투자했다가 오히려 돈을 잃을 가능성이 더 높아질 수도 있다.

셋째, 매수는 신속하게 하되, 매도는 신중해야 한다. 부동산 투자는 장기 투자가 기본 원칙이다. 이 경우 장기란 5년 이상을 이야기한다.

증권 투자를 하듯이 시장가격을 수시로 확인하여 손해가 조금 발생했다고 팔게 되면, 중개료나 세금 등의 부대 비용을 고려할 때 엄청난 손실을 입을 가능성이 크다. 호흡을 길게 잡고 최대의 수익을 올릴 수 있는 기회를 기다려야 한다. 부동산 투자란 본질적으로 시간에 대한 투자다. 일희일비하다가는 돈을 잃기 쉽다.

금융문맹 CASE 3
남편 퇴직금 반토막 낸 50대 주부

50대 주부인 A씨는 요즘 밤잠을 설친다. 얼마 전 남편이 퇴직금 중간정산으로 받아 온 1억 원이라는 목돈이 반토막 났기 때문이다.

A씨는 남편에게 좋은 금융 상품을 찾아 1억 원을 굴리겠다고 말하고, 은행에 가서 은행 직원과 상담했다. 은행 직원은 파생결합증권(DLS)이라는 상품을 추천했다. 직원 설명에 의하면, 원유 값이 40% 이상 떨어지지만 않으면 매달 10%의 이자를 받을 수 있다고 했다. A씨는 DLS가 뭔지는 잘 몰랐지만, 원유 가격이 10~20%도 아니고 설마 40%까지 떨어지기야 하겠냐는 생각이 들었고, 요즘 같은 저금리 시대에 10%라는 말에 솔깃했다. A씨는 좋은 상품을 찾았다며 바로 1억 원을 몽땅 털어 넣었다.

그런데 얼마 후 원유값이 떨어졌다는 뉴스가 나왔다. A씨는 불안하긴 했지만, 원유 가격이 원래 오르락내리락 하니까 그러려니 생각했다. 그런데 이번엔 달랐다. 계속 떨어지기 시작하더니 거의 폭락 수준으로 떨어졌다. 그와 동시에 A씨의 돈은 이자는커녕 원금을 5,400만 원이나 까먹게 되었다.

DLS는 서부 텍사스산 원유(WTI), 브렌트유 등 원유 가격과 연계해 수익률이 결정되는 금융 투자 상품이다. 기초 자산인 원유 가격이 만기 때까지 계약 시점보다 40~60% 떨어지지 않으면 연 10% 정도의 약속된 수익을 지급하는 형식이다. 그러나 가입 기간 중 원유 가격이 계약 시점보다 40~60% 밑으로 떨어지고 만기 때까지 계약 시점의 80~85% 수준으로 회복하지 못하면 하락률만큼 원금 손실이 발생하는 상품이다.

재테크를 하고 싶다면 세계 경제의 전체적인 흐름과, 그 결과에 대한 보다 폭넓고 정확한 정보를 우선 더 알아보고 판단해야 한다.

PART

05

사인하기 전에
착한 보험 고르는 법

STUDY 28

보험의 원리와
상품 가입하기

오늘도 홈쇼핑 채널에서는 묻지도 따지지도 않고 가입시켜
준다는 보험 광고가 우리를 유혹한다. 치과 치료에 대한 실비보험
광고도 매력적이다. 저축성 보험은 정기예금보다 금리가 얼마나 높
은지 이해시키느라 여념이 없다. 신뢰가 가는 중후한 인상의 배우나
방송인이 확신에 찬 목소리로 우리를 설득한다. 우리의 소중한 재산
을 지켜 주고, 은행보다 이자를 더 많이 챙겨 주고, 세금 부담까지 덜
어 주겠다고 말이다. 과연 보험은 확실한 재테크 수단일까?

보험은 예·적금이나 주식, 채권처럼 돈을 불려 주는 금융 수단이
아니다. 일상생활에 노출되어 있는 수많은 위험으로부터 재산상의
손실을 줄여 주려는 위험 회피 수단일 뿐이다. 생활이 복잡해지고
다양해지면서 생활 속에서 위험 요소는 더욱 많아졌다. 위기가 닥치

면 금전적 손실이 따르게 되는데, 언젠가 닥칠지 모르는 재무적 손실에 대비하기 위한 금융 수단이 바로 보험이다.

보험은 우발적 사고를 당할 위험성에 대비하여, 많은 사람이 모여서 서로 약간씩의 돈을 내서 목돈을 마련하고, 사고를 당한 사람들에게 이 목돈에서 미리 정한 만큼의 돈을 주는 금융 수단이다.

보험의 구조는 과거의 경험에 비추어 볼 때 일정 기간 내에 같은 위험을 겪을 가능성이 있는 많은 사람 중에서 실제로 위험에 빠진 사람의 비율이 대개 일정하더라는 원리에 근거해서 만들어졌다. 이러한 위험을 겪을 비율과 위험으로 인한 금전적 손실을 근거로 가입자가 내는 보험료와 경제적 손실을 보상해 주는 보험금이 결정된다.

개인이 혼자서 비상금을 모으는 것을 보험이라고 하지 않는다. 보험은 개인이 감수해야 하는 위험 비용을 계약을 통해 보험회사에 넘기는 것이다. 앞으로 일어날 손실의 정도를 미리 파악함으로써 이에 따른 보험료를 산출하는 과정을 거치기 때문에 위험에 대비하는 과학적인 방법이라 할 수 있으며, 위험이 발생하더라도 금전적인 피해를 보전받을 수 있어 불안감을 줄일 수 있다.

보험의 발전

처음에는 보험이 위험을 보장해 주는 기능만 수행했는데, 금융 환경이 변하면서 목돈 마련이나 노후 생활 자금을 대비하기 위한 보험

도 개발되었다. 위험 보장을 전문적으로 하는 보험은 '보장성 보험'
이라고 하고, 저축 목적의 보험은 '저축성 보험'이라고 한다.

보험회사는 저축성 보험으로 들어온 돈을 채권에 투자하거나 대
출하는 방식으로 돈을 불린다. 최근에는 저축성 보험 상품에 보장
특약을 첨가하여 판매되기 때문에 일정 금액의 범위 내에서 위험을
보장하기도 한다.

저축성 보험은 목돈을 만들기 위한 목적을 지니고 있으므로 만기
시 받게 되는 돈이 낸 돈보다 더 많을 수 있다. 보험 가입 후 10년이
지나면 수익금에 대한 세금도 면제해 준다. 그러나 납입 보험료 전
액을 저축의 대상으로 삼는 것이 아니라 보험 수수료와 보장 특약에
해당되는 보험료를 미리 떼고 남은 돈을 저축하는 것이기 때문에 이
수익률을 정기예금의 수익률과 직접 비교할 수 없다. 만기 이전에
돈이 필요할 경우 정기예금은 만기 시 받을 이자만 손실을 보게 되
지만, 저축성 보험은 원금까지 훼손될 우려가 크다. 그렇기 때문에
가입 전에 신중한 검토가 필요하다.

내게 맞는 보험 상품 가입하기

보험이 꼭 필요한 금융 수단이긴 하지만, 무작정 들기보다는 자신
의 소득과 자신이 처한 상황, 상품의 특성과 보장 내용 등을 감안해
서 나에게 맞는 보험 상품을 잘 선택해야 한다.

우선은 보험 상품 비교 사이트를 통해서 비슷한 보장에 보험금은 저렴한 보험사를 선택한다. 보험계약에 서명하기 전에 상품설명서, 약관, 청약서 등이 계약하고자 하는 내용과 일치하는지, 보험 사고가 발생했을 때 보험이 개시되는 시점은 언제인지 확인할 필요가 있다. 그리고 보험증권과 최초 보험료 납입영수증은 반드시 보관해야 한다. 문제 발생 시 보험금 수령 여부를 결정짓는 자료가 되기 때문이다.

● 우선순위 정하기

자신이 처한 상황을 감안하여 가장 큰 위험 요소는 무엇인지, 그로 인한 손실은 무엇인지, 이 보장 내용이 나에게 필요한 것인지 등을 고려하여 보험 상품에 가입한다. 필요한 보험이 여러 가지라면, 가장 필요한 보험이 무엇인지 가입의 우선순위를 정하는 것이 좋다.

● 재무 상태 고려

수입과 지출 등 재무 상태를 고려하여 보험료의 부담이 적은 보험 상품에 가입하고, 가입 시 보장 내용을 꼼꼼히 따져 불필요하거나 덜 중요한 항목의 보장 금액을 낮춰 보험료를 조정하는 것이 바람직하다.

● 상품 특성과 보장 내용 비교

보험회사마다 상품 특성과 보장 내용, 가입 조건 등이 다르게 설계되어 있으므로 보험 내용을 충분히 비교하는 것이 좋다. 보험 상품 정보는 손해보험협회(www.knia.or.kr), 생명보험협회(www.klia.or.kr)의 보험 상품 비교 사이트의 공시실에서 구할 수 있다.

● 갱신형 보험 vs 비갱신형 보험

갱신형 보험은 1년, 3년, 5년, 10년 등 일정 기간 후에 보험료가 대부분 오르는 방식이고, 비갱신형 보험은 처음 낸 보험료 그대로 만기까지 오르지 않는 방식이다. 보험을 중도에 해지할 경우에는 갱신형 보험이 유리하지만, 만기까지 가져간다면 비갱신형 보험이 당장은 보험료가 조금 비싸더라도 유리하다.

● 상품설명서 및 약관 확인

보험계약 청약서에 서명하기 전에 가입하려는 보험 상품의 내용이 상품설명서와 약관에 명시되어 있는지 확인한다. 약관에 의해 보상이 이루어지게 되므로 보험 설계사나 판매자의 설명과 다른 부분이 있는지 따져 봐야 한다. 특히 상품설명서의 보험금 지급 조건, 보험료 납입 기간 등 보장 내용을 정확하게 이해한 후 계약을 체결해야 중도 해지 시 손실을 방지할 수 있다.

● 보험증권 확인

최종적으로 체결된 계약 내용과 본인이 가입하고자 했던 상품이 일치하는지 여부를 다시 확인하고 보험증권과 청약서부본, 상품 설명서, 약관을 함께 보관하는 것이 바람직하다.

'보험계약청약서', 보험료의 구성 비율 및 보장 조건 등을 상세하게 제시하고 있는 '보험 상품 설명서', '보험약관', '보험증권', 해약환급금이 제시되어 있는 '가입설계서', 변액보험일 경우 '변액보험 주요 내용 확인서', 보험 가입 시 해당 보험 상품을 가입하면 좋은 장점 등을 설명해 놓은 '상품 안내장' 등의 서류는 추후 보험금 지급과 관련된 분쟁이 발생했을 때 입증 자료로 사용할 수 있기 때문에 보험계약자가 반드시 보관해야 한다.

● 계약 철회

계약 이후 계약자의 단순 변심이나, 보장 내용이 설계사의 설명과 다르거나, 더 좋은 상품으로 변경하고자 하는 경우 계약일로부터 15일 이내에 계약을 철회할 수 있다. 홈쇼핑 등 전화를 통한 보험계약은 계약일 또는 1회 보험료를 납입한 날로부터 30일 이내에 계약을 철회할 수 있다. 전화로 상담한 내용과 보험 내용이 다른 경우 30일 이내에 청약을 철회하면 된다.

보험계약 체결 시 약관 및 청약서를 우편으로 받지 못했거나 약관의 중요한 내용에 대한 설명을 듣지 못한 경우, 계약서상에 자필서명 누락 등 형식 요건에 결격 사유가 있는 경우에도 3개월 이내에 계약을 철회(품질보증해지)할 수 있다. 이 경우에는 이미 납입한 보험료를 돌려받을 수 있다.

보험계약 해지율이 높다는 점을 고려하면, 동일한 보장 조건에 동일한 보험료를 납부할 경우 해약환급금이 높은 회사를 선택하는 것이 좋다.

보험계약 시 유의사항

● 계약 전 고지의무

보험계약자 또는 피보험자는 보험계약청약서 작성 시 보험회사에 의무적으로 알려야 할 사항을 반드시 질문지를 통해 성실하게 답변해야 한다. 질문지에 표시하지 않고 설계사에게만 알려 주는 것은 계약 전 고지의무 위반이 되어 계약이 해지되거나 보험사고가 발생하더라도 보험금을 받지 못할 우려가 있다.

보험계약을 하기 전에 가입자는 보험회사에 자신의 과거 및 현재 병력이나 장애 상태, 직업, 운전 유무, 타사 보험 가입 유무, 취미 등을 사전에 알려야 할 '고지의무'가 있다. 보험계약자가 고지의무를 위반한 경우 보험회사는 계약을 해지할 수 있다. 이미 납입한 보험료는 돌려받기 어려우므로 고지의무를 어기지 않도록 주의해야 한다.

고지의무를 수행하기 위해 가입자들은 '보험계약청약서'에 제시되어 있는 질문표에 응답해야 한다. 그렇지만 보험계약 전의 형식적인 절차라고 생각해 보험 모집인들에게 형식적이거나 허위 응답을 하면 보험금을 받지 못하게 될 수 있다.

● 기타 유의사항

보험계약청약서는 반드시 보험계약자 본인이 직접 작성해야 하며, 보험계약자와 피보험자가 다를 경우에는 보험대상자인 피보험자가 직접 보험계약을 해야 한다. 피보험자가 보험금 지급 사유, 제한 사항 및 책임 보상을 명기한 약관의 주요 내용에 대해 보험 모집인이나 창구 직원으로부터 자세한 설명을 받고 자필서명을 해야 한다.

보험 제대로 활용하기: 보험료 할인

● 건강체 할인

질병보험이나 종신보험 가입자가 건강검진을 통해 비만지수, 심전도, 혈압이 정상이라는 것을 확인하고, 1년 이상 흡연하지 않았을 경우 보험사에 보험료 할인을 요구할 수 있다. 이러한 건강체 할인은 5~15% 범위 내에서 가능한데, 보험사에서 요구하는 별도의 건강진단이 필요하다.

피보험자가 비흡연자이면서 비만(체질량지수, BMI 20~28미만)과 혈압(최대 110~135mmHg) 등이 정상이면 일반적인 경우보다 보험료를 낮게 지불할 수 있다. 따라서 건강체 할인이 적용되는 보험인지 미리 확인할 필요가 있다.

● 단체 취급 특약

직장인은 5명 이상일 경우 '단체 취급 특약'을 신청하면 보험료를 할인받을 수 있다(보장성 보험은 보험료의 약 1.5%, 연금보험은 약 1.0%).

● 보험료 자동이체 할인

보험료를 자동이체하면 1~5% 정도의 할인을 받을 수 있다.

● 자동차보험 할인

-동일증권제도 할인

한 사람이 2대 이상의 자동차를 보유하고 있을 경우 '동일증권제도'를 통해 우량 할인율을 적용받을 수 있다. 사고가 나더라도 가입 대수로 나누어 보험료를 적용받기 때문에 보험료 할증이 줄어드는 효과가 있다.

-승용차 요일제 자동차 특약

일주일에 하루를 정해 차를 운행하지 않는 '승용차 요일제 자동차 특약'에 가입하면 만기 시 약정된 보험료의 일정 금액을 되돌려 받을 수 있다.

-차 대 차 충돌 및 도난 위험 한정특약

자동차끼리 충돌하거나 자동차를 도난 당해서 입은 손해만 보상해 주는 이 특약에 가입하면 자차 보험료를 줄일 수 있다.

-마일리지 자동차보험 특약

연간 주행 거리가 일정 수준 이하면 보험료를 할인받을 수 있다.

-다이렉트 가입 및 블랙박스 장착

자동차보험 가입 시 인터넷이나 모바일 전용 상품을 다이렉트로 가입하면 보험설계사를 통할 때보다 저렴하다. 또한 블랙박스를 장착하면 보험료를 할인받을 수 있다.

알쏭달쏭 보험 용어

● 보험금

보험계약에 의한 사고가 발생한 때에 보험회사가 보험가입자에게 지급하는 보상금을 말한다. 손해보험에서는 피보험자에게, 생명보험에서는 보험금 수령인에게 지급된다. 생명보험의 경우 계약에 약정된 금액이 그대로 지급되지만, 손해보험의 경우는 보험목적물의 보험가액을 최고한도로 하여 손해가액과 보험 가입 금액의 비율에 의해 지급된다.

● 보험료

보험계약자가 보험회사에 지급하는 돈이다. 보험료는 대수의 법칙에 따라 보험 단체 안에서 발생하는 보험사고의 발생률을 기초로 산출하는데, 보험회사에서 징수하는 보험료 총액과 보험금 지급액 총액이 균형을 유지하도록 계산된다.

● 보험계약자

자기 이름으로 보험계약을 체결하고 보험료 납부 의무를 지는 사람을 말한다. 자연인이든 법인이든, 능력자이든 무능력자이든 상관없으며, 여러 사람이 공동으로 보험계약자가 될 수도 있다. 소득세 연말정산시 소득공제 혜택이 주어지며 만기환급금 및 해약환급금, 배당금을 받을 권리가 있다.

● 피보험자

생명보험에서 피보험자는 사람의 생·사 또는 상해라는 보험사고 발생의 대상이 되는 사람, 즉 보험에 가입한 개인을 말한다.

손해보험에서는 보험사고가 발생할 때 실제 손해를 입는 사람이 피보험자다. 피보험자와 보험계약자는 같은 사람이 될 수도 있고, 다른 사람이 될 수도 있다.

● 보험수익자

보험사고 발생에 따라 보험금을 받는 사람이다. 생명보험에서는 보험계약자가 계약시 보험수익자를 지정한다. 손해보험에서는 피보험자, 즉 손해를 입은 사람이 보험수익자다.

● 주계약과 특약

주계약은 보험계약에 있어 가장 기본이 되는 보장 항목에 대한 계약으로, 원하지 않는다고 하여 빼거나 변경할 수 없다. 반면 특약은 주계약에 더해 넣거나 뺄 수 있는 항목으로, 상황에 맞게 변경할 수 있다. 그러나 시중에 판매되는 보험 상품을 보면 특약을 주계약에 연결시켜 가입 금액이나 항목에 제한을 두는 경우가 있다. 가령 사망보험의 경우, 일정 금액 이상 계약을 하지 않으면 특약으로 넣을 수 있는 질병보장항목이나 금액에 제한을 둔다. 되도록 가입 금액이나 항목 제한이 적은 상품을 골라야 입맛에 맞게 설계를 받을 수 있다. 회사마다 주계약 및 특약에 대한 가입 규정이 다르므로 여러 회사의 상품을 비교 설계하는 것이 필요하다.

● 유배당과 무배당

보험회사는 합리적인 방법으로 사업비나 운용수익률, 위험률 등을 미리 예상하여 보험료를 산정하고, 고객들로부터 보험료를 받아 운용한다. 보험회사가 자금 운용을 잘하여 이익금이 발생했을 때 이 돈을 다시 보험 가입자에게 돌려주는 것이 유배당이다. 반면 배당을 지급하는 대신 보험료를 처음부터 낮게 산정하고 배당을 지급하지 않는 것이 무배당 상품이다. 유배당 상품이 무배당 상품보다 보험료가 비싸지만 배당을 주기 때문에 실질적으로 더 유리한 경우도 있다. 따라서 유배당 상품과 무배당 상품을 비교할 때는 보험료뿐만 아니라 배당률 수준도 함께 고려해야 한다.

STUDY 29

위험 보장이 목적이라면
보장성 보험

보장성 보험이란 각종 사고로 인한 사망, 질병, 입원, 치료 등
에 대한 보험금을 받을 수 있는 보험 상품이다. 보장성 보험은 보험
료를 적게 거두어 보험금을 높게 지급하므로 중도 해약이나 만기 시
환급금이 납입보험료보다 적거나 아예 없는 경우도 있다. 보험료는
해마다 오르며, 나이가 들수록 오르기 때문에 되도록 빨리 가입하는
것이 유리하다.

저축이나 투자를 아무리 잘해 두어도 예기치 못한 사고를 당하면
모든 것을 잃을 수도 있기 때문에 최소한의 질병이나 사고를 보장할
수 있는 의료실비보험, 암보험 등에 가입하는 것이 필요하다. 리스크
를 최소화하는 것도 재테크의 중요한 방법 중 하나이기 때문이다.

의료실비보험(실손의료보험)

보험에는 수천 가지 상품이 있지만, 누구에게나 꼭 필요한 보험이 의료실비보험이다. 아프거나 다쳐서 병원에 갈 경우 실제 사용한 의료비를 돌려주는 보험인데, 보통 실제 들어간 의료비의 80~90%를 보장해 준다.

보장 대상은 크게 상해와 질병으로 나뉘며, 입원 또는 통원 치료 시에 발생하는 비용을 보장한다. 입원비와 수술비 및 기타 치료비, 처방 조제비 등 의료와 관련된 거의 모든 비용이 지급되지만, 약관에 표시된 비보장 항목을 제외하므로 비보장 항목이 무엇인지 잘 살펴봐야 한다. 현재 비보장 항목으로 되어 있는 것은 자해 등 본인이 고의로 피해를 발생시킨 것이나 암벽 등반, 모터보트, 스쿠버다이빙 등 위험한 스포츠를 하다가 발생한 상해는 보장하지 않는다. 또한 비만이나 요실금, 선천성 뇌질환, 임신 및 출산 등과 관련한 의료비, 영양제나 종합비타민제 같은 약제비도 제외된다.

현재 생명보험협회와 손해보험협회 홈페이지에서는 판매 중인 실손의료보험의 보험료를 공시하고 있다. 자신의 성별 및 연령과 원하는 보장 내용을 선택하면 각 보험 상품의 월 보험료를 비교할 수 있다.

암보험

암보험은 암으로 인한 치료비, 입원비, 수술비 등을 보험금으로 지급한다. 암보험은 의료실비보험에 포함하여 가입할 수도 있고, 정액보험으로 단독으로 가입할 수도 있다.

암보험에 가입한다고 해서 모든 암이 다 보장되는 것은 아니므로 가족력이 있는 항목 위주로 먼저 가입하고, 최근 발병률이 높은 암보험에 가입하는 것이 좋다. 암보험은 만기환급형보다는 소멸형 순수보장형이 유리하다. 만기환급형은 보험료가 꽤 비쌀 뿐 아니라 10년, 20년 후면 화폐 가치가 떨어져서 환급받는 금액이 그다지 효용성이 없기 때문이다.

암보험은 손해율이 갈수록 악화되고 있어 가능하면 비갱신형 암보험을 가입하는 것이 좋다. 또한 보장 내용을 단순화시켜 이해가 쉽고 보험 종류에 따라 보험료도 저렴한 다이렉트 암보험도 고려해 볼 만하다.

자녀 질병 상해보험(어린이보험)

자녀가 아프거나 다쳤을 때에 대비하여 병원비를 보상하는 보험이다. 생명보험사와 손해보험사가 모두 취급하며, 특정 질병이나 상해에 대한 정액보험과 함께 특약으로 실손 보험에 가입하도록 설계되어 있는 경우가 많다. 보험료가 부담스러운 경우 정액보험 부분은 줄이더라도 실손 특약에는 가입하는 것이 바람직하다. 고령 산모의 경우 태아의 염색체 이상이나 신체적 기형 등에 대비하여 태아 특약을 추가하는 편이 좋다.

STUDY 30

보장과 저축을 한 번에 잡는
저축성 보험

저축성 보험이란 보장성 보험에 노후대책과 자녀의 교육비 마련 등 저축의 기능을 더한, 저축과 보험의 융합 상품이다. 그러나 예금과 달리 사업비를 별도로 공제하기 때문에 만기시의 수익률이 예·적금에 비해 떨어질 수 있다.

저축성 보험은 예금이나 적금과는 운영 방법에 차이가 있으므로 보험금 지급 및 보장 내역을 꼼꼼하게 확인할 필요가 있다. 저축성 보험은 보험의 보장 성격을 가지고 있기 때문에 그에 해당하는 사업 비를 뗀다. 사업비란 설계사 수당 등 보험사가 보험계약을 체결하거 나 보험을 관리하는 데 들어가는 비용을 말하며, 위험 보장을 위한 보험료도 따로 떼기 때문에 보험계약자가 생각하는 금액과 만기 시 보험금으로 지급받는 실제 액수와는 차이가 있다.

대표적인 저축성 보험으로는 연금저축보험, 일반연금보험, 변액보험이 있다.

연금저축보험

1년 단위로 소득공제 혜택이 있는 절세 상품으로 복리 혜택 등을 적용받을 수 있다. 연말정산 시 연간 총 납입액 400만 원 한도 내에서 소득공제 혜택을 받지만, 연금 수령 시에는 3.3~5.5%의 연금소득세를 내야 한다.

일반연금보험

대표적인 비과세 금융 상품으로, 10년 이상 유지할 경우 이자소득세와 연금소득세가 면제된다. 노후 준비를 위해서는 바람직하지만 수익률은 그다지 높지 않다.

변액보험

변액(變額)이란 말은 '금액이 달라진다'는 뜻이다. 즉, 투자형이라는 의미다. 변액유니버설보험·변액종신보험·변액연금보험 등이 여기에 속한다.

비과세 혜택과 펀드 투자의 개념이 합해진 것으로, 사업비를 뺀 보험료 납입액을 펀드에 투자하여 발생한 이익을 연금으로 되돌려 주는 보험이다. 10년 이상 유지할 경우 비과세 혜택을 누릴 수 있는 장점이 있지만, 7년 이내에 중도 해지할 경우 원금 손실의 가능성이 있고, 펀드 운용 실적에 따라 지급받는 보험금의 차이가 발생하기 때문에 그만큼 위험 부담이 있다.

금융문맹 CASE 4
유학 마치고 와 보니 신용관리대상자 된 경우

외국에서 3년간 유학 생활을 마치고 한국에 돌아온 A(27세)씨는 신용 카드를 만들기 위해 은행에 갔다가, '신용관리대상'이라 카드 발급이 어렵다는 말을 들었다.

A씨가 신용관리대상자가 된 원인은 체크카드의 소액신용결제 서비스 기능 때문이었다. 하지만 A씨는 자신이 사용하던 체크카드에 그런 기능이 있다는 사실을 몰랐다. 유학을 떠나기 전 A씨는 통장에 잔액이 남아 있는 줄 알고 체크카드를 사용했는데, 통장에 잔액이 없었던 탓에 A씨가 사용한 금액은 체크카드사 소액 대출로 처리되어 A씨의 유학 기간 동안 이자를 불리고 있었던 것이다. 원금 3만 원이었던 대출금은 3년 사이에 5만 원이 넘어 있었다.

A씨는 해당 은행에 전화해 왜 미리 알리지 않았냐고 따져 물었더니, 연락했는데 연결이 되지 않았다고 했다.

A씨처럼 소액 대출금이 남아 있는 걸 잊은 채 유학이나 이민을 떠나 주소지가 바뀔 경우, 연락은 되지 않은 채 원리금이 5만 원이 넘어 신용관리대상자가 될 때까지 이자가 불어나게 되는 것이다.

소액 대출을 7년 이상 방치할 경우 바로 갚고 난 뒤에도 1년 동안 신용불량자 꼬리표가 붙는다. 또 신용관리대상자가 되지 않더라도 대출 연체 기록이 남으면 신용등급에 악영향을 준다. 따라서 자신의 신용도를 관리하기 위해서는 대출 이자를 비롯해 통신비, 관리비 등 각종 공과금을 연체하지 않는 것이 중요하다.

나쁜 빚은 나락으로, 좋은 빛은 부자로 가는 비상구

STUDY 31

신용이 뭐길래

신용은 사람과 사람 간의 믿음을 바탕으로 거래하는 매우 중요한 금융 자원이다. 신용은 미래의 일정 시점에 갚을 것을 약속하고 돈, 상품, 서비스를 미리 획득할 수 있는 능력을 말한다. 신용이 높으면 더 많은 돈을 더 낮은 금리로 빌릴 수 있다.

신용거래의 장점

첫째, 현재의 구매력을 증가시킬 수 있다. 그러나 신용거래 대금은 정해진 미래에 반드시 갚아야 한다. 미래에 돈을 벌 전망이 불투명해서 갚기 어려울 것 같으면, 신용거래를 자제해야 한다.

둘째, 가계의 비상 자금을 충당할 수 있다. 가족의 사고나 질병으로 인한 의료비 등 예기치 못한 비상사태에 신용거래로 대처할 수 있다.

셋째, 금리와 물가 변동에 대비하여 소득 및 자산을 보호할 수 있다. 만약 반드시 구입해야 하는 물건이 있는데 가격이 오를 것으로 예상되면, 신용거래로 먼저 구매하여 이익을 볼 수 있다.

넷째, 신용카드로 신용거래를 하면 현금을 갖고 다녀야 하는 불편함을 대신할 수 있고, 해외에서 구매할 때도 간편하게 이용할 수 있다.

다섯째, 개인의 신용 축적에 도움이 된다. 신용대금을 연체 없이 성실하게 상환하면 신용도가 높아진다. 신용도가 높아지면 신용 이용 한도가 높아져서 만약의 사태에 대비한 비상 자금 마련에 도움이 되고, 수수료 감면 및 다양한 부대 서비스를 받을 수 있다.

신용거래 시 주의할 점

첫째, 신용거래를 하면 현재 현금이 없더라도 제품이나 서비스를 구매할 수 있고, 여러 가지 편리함도 있지만 언젠가는 그 비용을 치러야 한다. 이자, 서비스 수수료 및 연체료 등의 금융 비용도 만만치 않다.

둘째, 충동구매 및 과소비의 위험이 있다. 돈이 없어도 쓸 수 있기 때문에 구매 결정을 쉽게 하는 경향이 생긴다. 그러나 신용대금을 제때 지불하지 못하면 빚으로 남고, 빚을 해결 못 하면 결국 파산에 이를 수도 있다.

셋째, 미래에 쓸 돈을 미리 당겨다 쓰는 것이기 때문에 미래의 소비 자원이 줄어든다. 신용대금의 원금과 이자만큼 미래 생활비가 줄어든다.

넷째, 개인정보가 노출될 위험이 있다. 특히 최근에는 신용카드와 관련한 개인정보 노출 사례가 급증하고 있다. 해킹으로 정보를 도용한다든지, 현금인출기 등에서 비밀번호를 도용하는 등의 문제도 발생할 수 있다.

신용거래의 종류

● 소비자금융(일반 가계 대출)

금융회사에서 개인이나 가계에 자금을 빌려주고 미래 정해진 시기에 빌려준 자금에 대한 지불 이행을 약속받는 일반 가계대출을 말한다. 금융회사의 담보부 대출과 신용대출, 신용카드 현금서비스, 대부업체를 통한 사금융이 해당된다.

● 신용판매

상품이나 서비스의 판매업자에게서 물품이나 용역을 먼저 제공받고, 그 대가를 일정 기간 후에 결제하는 일종의 외상 거래를 말한다. 판매업자가 제품이나 서비스를 판매할 목적으로 소비자에게 직접 신용판매 서비스를 제공하는 경우도 해당된다. 신용판매를 취급하는 금융회사에는 할부금융회사(캐피탈사), 신용카드 회사 등이 있다.

● 신용 정보

인터넷과 모바일 기술의 발전으로 금융회사의 전산망이 구축되고 개인의 신용 정보를 공유할 수 있는 제도가 마련됨에 따라 대출 이자나 신용카드 결제대금 연체 내역뿐만 아니라 세금 및 공과금의 체납 내역, 이동통신 등 전화요금의 연체 내역도 공유할 수 있게 되었다. 따라서 우리가 각종 대금을 연체하면 대출시 추가 이자 지불, 대출 거절, 신용카드 발급 거절 등의 금융거래상 불이익을 당할 수도 있다. 신용 정보는 다음과 같은 요소로 구성된다.

신용 정보란?

'신용 정보의 이용 및 보호에 관한 법률'에서는 신용 정보에 대해 '금융 거래 등 상거래에 있어서 거래 상대방의 신용을 판단할 때 필요한 정보'로서 대통령령으로 정하는 정보를 말한다.
　① 특정 신용 정보 주체를 식별할 수 있는 정보
　② 신용 정보 주체의 거래 내용을 판단할 수 있는 정보
　③ 신용 정보 주체의 신용도를 판단할 수 있는 정보
　④ 신용 정보 주체의 신용거래 능력을 판단할 수 있는 정보

-식별 정보

개인의 성명, 주소, 주민등록번호, 개인기업의 상호 또는 법인명, 대표자 성명 및 주민등록번호, 사업자등록번호, 법인등록번호 등 특정 신용 정보 주체를 식별할 수 있는 정보이며, 다른 신용 정보와 합해서 사용되는 경우에 신용 정보로 인식하게 된다.

-신용거래 정보

대출, 보증, 담보 제공, 당좌 거래, 신용카드, 할부 금융, 시설 대여와 금융거래 등 상거래와 관련하여 그 거래의 종류, 기간, 금액 등 신용 정보 주체의 거래 내용을 판단할 수 있는 정보다.

-신용도 판단 정보

금융거래 등 상거래와 관련하여 발생한 연체·부도 또는 명의도용·사기 등 기타 부정한 방법에 의한 신용 질서 문란행위와 관련된 금액 등 신용 정보 주체의 신용도를 판단할 수 있는 정보다.

-신용거래 능력 정보

금융거래 등 상거래에 있어 신용거래 능력을 판단할 수 있는 정보로서, 개인의 재산·채무·소득의 총액·납세 실적, 기업의 연혁·주식 또는 지분 보유 현황 등 기업의 개황, 판매 내역·수주 실적·경영상의 주요 계약 등 사업의 내용, 재무제표 등 재무에 관한 사항, 주식회사의 외부감사에 관한 법률 규정에 의한 감사인의 감사의견 및 납세 실적 등을 의미한다.

–공공 정보

조세 체납 정보, 과태료 체납 정보, 관세 체납 정보, 법원의 심판·결정 정보(개인회생 관련 결정, 파산선고·면책 관련 결정, 채무불이행자 명부 등재·말소 결정 등), 국외 이주 신고 정보, 사망자 정보 등 공공기관이 보유하는 정보로서, 종합신용정보 집중기관인 전국은행연합회를 통해 공유된다.

신용등급

신용등급은 일반적으로 금융회사나 금융위원회로부터 허가를 받은 신용조회회사나 금융회사에서 산정한다. 신용조회 회사는 금융회사의 고객 정보를 기반으로 신용등급을 작성한다. 우리나라의 개인 신용조회 회사에는 NICE평가정보, 코리아크레딧뷰로, 서울신용평가정보 등이 있다.

신용등급은 과거의 신용거래 경험이나, 현재의 신용거래 상태를 바탕으로 매겨진다. 부채 수준이나 연체 정보, 신용 형태, 거래 기간이 중요한 평가 요소다. 신용 평점 및 등급은 수백 개의 신용 평가 요소들이 복합적으로 반영된 통계 분석치다. 기존에 1등급의 신용도를 유지했던 사람이 연체하면 신용도가 많이 하락하지만, 7등급 이하의 신용도를 가진 사람이 연체하는 경우에는 신용도가 소폭 하락하게 된다.

신용등급은 1등급에서 10등급으로 나뉜다. 각 등급의 특징을 살펴보자.

① 1~2등급은 오랜 신용거래 경력으로 부실화 가능성이 매우 낮은 개인들에게 매겨진다.

② 3~4등급은 상위 등급인 1~2등급으로의 진입 가능성이 있는 사람들이다.

③ 5~6등급은 제2금융권 등과 거래가 있는 사람으로 신용 관리에 주의가 필요한 등급이다.

④ 7~8등급은 제2금융권 등과의 거래가 많은 사람이며, 단기 연체 경험으로 단기적인 신용도 하락이 예상되어 주의가 요망되는 등급이다.

⑤ 마지막으로 9~10등급은 위험 등급으로 부실화 가능성이 매우 높아 관리가 필요한 등급이다.

● 개인 신용등급 평가 기준

	활동 비중	신용등급 하락 요소	신용 정보 잔류 기간
부채 수준	35%	소득 대비 부채가 2, 3배 카드 사용액 한도의 50% 이상 사용	대출금 상환·카드 이용 실적은 1년 카드 발급·해지·통장 개설·해지 이력은 5년

연체 정보	25%	-3개월 이상, 50만 원 이상 연체 -세금·공과금 1,000만 원 이상, 1년에 세 차례 이상 연체 -5일 이상(10만 원 이상) 연체 -비금융권에서 3개월 이상(10만 원 이상) 연체 -개인회생, 파산면책 -신용회복위원회 지원	채무를 다 갚고도 5년 (개인파산·회생 제외)
신용 형태	24%	제2금융권(저축은행, 캐피탈 과다 이용)	
거래 기간	16%	단기간(3~6개월) 내에 집중 대출 및 연체를 피해야 함	

● 무료 신용 조회 사이트

기관명	사이트명	사이트 주소
금융감독원	서민금융 1332	http://s1332.fss.or.kr
미소금융중앙재단	미소금융중앙재단	www.smilemicrobank.or.kr
국민행복기금	서민금융나들목	www.hopenet.or.kr
한국경제교육협회, 신용회복위원회, KCB, 미소금융중앙재단, Daum, MONETA 공동 주최	함께 만드는 건강한 가계 경제	www.financehelp.or.kr

● 신용등급에 대한 상식

신용등급에 대한 상식을 얼마나 알고 있는지, 아래의 질문에 예, 아니오로 답해 보자. 예는 0점, 아니오는 1점으로 채점한다.

번호	항목	예	아니오
1	고위 공무원을 비롯한 사회 고위층 인사는 신용등급이 우량하다.		
2	소액 연체 정도는 신용등급에 영향이 없다.		
3	대출이 많으면 무조건 신용등급의 하락 요인이 된다.		
4	고소득 전문직 종사자는 신용등급이 우량하다.		
5	모든 거래를 현금으로만 결제하면 신용등급이 높아진다.		
6	연체를 다 갚으면 신용등급이 바로 올라간다.		
7	우리 가족의 신용등급은 모두 동일하다.		
8	부동산을 많이 보유한 사람은 신용등급이 우량하다.		
9	조회 정보는 무조건 신용등급을 하락시키는 데 영향을 미친다.		
10	한번 개인에게 부여된 신용등급은 변동이 없다.		
11	본인이 본인의 신용 정보를 자주 열람해도 신용등급이 하락한다.		
12	신용 정보는 백화점이나 통신사 등 비금융권에서는 아직 활용되고 있지 않다.		
13	신용 정보에는 개인 성명, 주민등록번호, 주소 등의 식별 정보는 포함되지 않는다.		
14	금융회사에서 고객의 신용 정보를 조회할 때는 사전 동의가 필요없다.		

채점 결과 12점 이상이면 당신은 신용의 달인이다. 8점 이상이어도 건강한 신용 생활자라고 볼 수 있다. 그러나 5점 이하라면 요주의 인물이므로, 신용 정보에 대해 각별히 신경을 쓰도록 하자.

신용등급 관리 노하우

아래의 그림에서 출발 지점을 따라가며 자신의 금융 거래 방식을 살펴보고, 그에 알맞은 신용등급 관리의 노하우를 배워 보자.

시작	내 타입	신용등급 관리 노하우
신용등급에 대해 관심을 가진 적이 있나요? → NO	B형. 신용등급 외면형	**세 살 버릇 여든까지, 지금부터 신용에 대해 관심 갖자!** 용돈을 계획적으로 사용하는 습관은 신용 불량의 늪에 빠지는 것을 막아 준다. 앞으로도 신용 정보의 중요성을 깨닫고, 신용등급을 유지하기 위해 노력해야 한다.

⬇ YES

돈을 빌린 후 정해진 날짜에 꼭 갚나요? → NO	C형. 건망증형	**이자나 대금 결제는 자동이체로!** 잦은 연체는 신용 평가에 치명적이므로, 대출 이자나 카드대금 결제는 제때 할 것! 자동이체로 해 놓고, 평소 통장 잔고를 확인하면 예기치 않은 피해를 줄일 수 있다.

⬇ YES

주거래 금융회사가 있나요? → NO	D형. 우왕좌왕형	**주거래 금융회사를 정해 실적을 쌓자!** 주거래 금융회사를 정하면 저축 거래, 급여 이체, 각종 공과금, 카드대금 등의 결제가 집중되어 거래 실적이 높아진다. 거래 실적이 많은 우수 고객에 대해서는 수수료 면제, 이자율 인하 등 각종 우대 혜택이 있다.

⬇ YES

A형 신용 달인	**달인도 실수할 수 있다. 한눈팔지 말자.**

STUDY 32

신용카드, 마술카드

신용카드의 장점은 한두 가지가 아니다. 주머니 안에 돈이 없어도 원하는 것을 마음대로 살 수 있다. 마음 놓고 한턱낼 수도 있다. 쇼핑하거나 여행할 때 많은 돈을 가지고 다닐 필요가 없으며, 갑자기 아프거나 사고로 예기치 못한 돈이 나가야 할 때 큰 도움이 된다.

자동차를 사거나 대학 등록금처럼 목돈이 많이 들 때도 뚝딱 해결이 된다. 상품을 구입할 때 할부도 가능하며, 결제일을 잘 이용하면 그때까지 현금 지급이 미루어지므로 이자수익도 기대할 수 있다. 마일리지의 혜택도 받을 수 있고 패밀리 레스토랑에서 먹은 음식 값이나 놀이공원 입장료도 할인받을 수 있다.

대금을 연체하지 않으면 신용도가 높아져 좋은 조건으로 대출을 받을 수 있다. 그때그때 돈에 매여 걱정하지 않고서도 우리 생활을 윤택하고 편리하게 해 주는 것이다.

그러나 거기까지다. 돈 쓰기 편하다는 것. 당장 가진 돈이 없어도 돈을 쓸 수 있다는 것. 그러나 그렇게 편리하기 때문에 통제가 어렵다. 현금을 갖고 다닐 때는 불편하기는 해도 돈이 떨어지면 더 이상 쓸 수가 없다. 그런데 신용카드는 돈이 떨어져도 계속 돈을 쓸 수 있다.

누구나 미래에 대한 희망은 장밋빛이다. 나중에 쓸 돈을 좀 줄여서 갚으면 된다고 생각한다. 그러나 그 나중이 되어도 쓸 돈은 계속 부족하다. 점점 소비욕은 커지고 돈을 갚기 힘들어지는 것이다.

사용 한도액과 카드 개수 줄이기

반드시 기억해야 할 사실은 신용카드가 외상 카드라는 점이다. 자칫 잘못하면 과소비와 충동구매의 덫에서 빠져나오기 힘들게 된다. 자신의 지불 능력을 넘어서 신용카드를 사용하게 되면 연체가 발생하게 되고, 카드 거래뿐 아니라 다른 금융거래에서도 결정적 제약을 받게 된다.

우리는 이미 10여 년 전 무분별한 신용카드 남용으로 신용불량자가 240만 명에 이르는 등 국가적인 충격에 빠진 경험이 있다. 가급적한 개의 카드를 활용하고, 해당 카드사의 인터넷이나 전화 상담을 통해 사용 한도액을 줄이는 것이 좋다.

지갑 안에 들어 있는 형형색색의 신용카드 개수도 줄여야 한다. 되도록 주거래 카드 1개와 예비 카드 1개만 남겨 놓고 나머지는 정리하자. 불필요한 신용카드가 많으면 신용 관리에 도움이 되지 않을 뿐만 아니라 지출만 늘게 된다. 최악의 경우 카드 결제 금액을 감당하지 못해 카드로 돌려막는 일도 발생한다. 따라서 주거래은행의 카드 1개와 필요한 혜택이 있는 카드 1개만 사용하는 것이 좋다.

고정 지출은 신용카드, 일반 지출은 체크카드로

신용카드를 사용하지 않아도 문제가 된다. 신용등급이 매겨지지 않아 금융 생활에 어려움이 따르게 된다. 그렇기 때문에 신용카드를 사용하기는 하되, 어디에 사용해야 할지 미리 정해 놓고, 체크카드와의 사용 비율도 적절하게 나눌 필요가 있다.

신용카드는 의료비나 교육비, 지방세 등 불가피하게 돈이 나가야 할 경우나, 통신요금이나 주유 할인 등 혜택을 이용하는 경우에 사용한다. 이 경우 신용카드 결제 계좌에 자동이체를 설정해 두면 편리하게 신용카드를 사용할 수 있고, 결제 계좌는 주거래은행으로 통일할 필요가 있다.

체크카드, 직불카드는 예금 범위 내에서 결제되기 때문에 과소비나 카드빚 우려가 없다. 특별히 평소 지출 관리에 자신이 없는 사람이라면 체크카드를 쓰는 게 방법이다.

안전 관리는 필수

신용카드는 수령 즉시 뒷면에 본인이 서명을 해야 한다. 서명이 없으면 도난을 당했을 때 배상받지 못할 수 있다. 카드가맹점에서는 카드 사용자가 본인임을 확인할 의무가 있다. 비밀번호는 쉽게 예측되지 않는 숫자로 정하는 것이 좋다. 비밀번호 유출로 발생하는 사고는 보상받기가 어렵기 때문이다.

만약 신용카드를 분실하거나 도난당했을 경우 즉시 신고해야 한다. 분실 신고는 24시간 운영된다. 신고 시점에서 60일 이전까지의 금전적 피해는 보상이 가능하다. 신고 시에는 접수 사실을 확인할 수 있는 접수번호와 신고 시점 등을 메모해 놓는 것이 좋다.

사용하지 않는 카드는 잘라서 버려야 할 뿐 아니라, 카드회사에 해지 신청을 해야 한다. 해지신청을 하지 않으면 부정 사용의 빌미가 되기 쉽다.

● 대금 연체는 금물
대금 결제가 늦어지면 다른 신용카드 이용에도 지장이 생기는 등 불이익이 발생하므로 연체되지 않도록 늘 유의해야 한다.

● 사용 세부 내역 확인

신용카드 사용전표는 매월 이메일이나 우편으로 받아보는 신용카드 대금 청구서와 일일이 대조하는 것이 바람직하다. 신용카드 대금 청구서는 가계부의 보조 자료로 활용해도 좋다.

● 도움이 되는 사이트

신용카드 관련 사항에 대해 자세한 내용을 알기 원하는 경우에는 카드회사의 홈페이지, 금융감독원(http://www.fss.or.kr), 여신금융협회(http://www.crefia.or.kr)에서 제공하는 자료들을 찾아보면 된다.

STUDY 33

대출이란?

　　<u>모든 부채가 나쁘고 위험한 건 아니다.</u> 부채는 크게 좋은 부채와 나쁜 부채로 나눌 수 있다. 좋은 부채는 부채 상환이 끝나면 자산으로 남는 것을 말한다. 자기계발을 위한 학자금, 유학 자금 대출, 사업 성공을 위한 사업자금 대출, 주택 마련을 위한 주택담보대출 등이 여기에 해당한다. 반대로 부채를 모두 상환해도 남는 것이 없는 신용대출, 마이너스 통장, 카드 대출 등은 피해야 할 나쁜 대출에 해당한다.

　　대출이란 주로 장기간 목돈이 필요할 때 시중은행, 상호저축은행, 신용조합, 보험회사, 우체국 등에서 빌려 쓰는 것을 말한다. 대출에는 대출한도, 이자율, 상환 방식에 따라 다양한 상품이 있기 때문에 돈을 빌리려는 사람은 본인의 재무 상태와 계획, 신용 정도, 빌리려

는 자금의 용도를 고려해서 여러 가지 상품을 비교 분석한 후 신중하게 선택해야 한다.

대출에는 담보대출과 비담보대출이 있다. 담보대출은 대출의 상환을 보장해 줄 수 있는 자산, 즉 부동산이나 예금, 적금, 유가증권 등을 담보로 잡히고 돈을 빌리는 것이다. 이러한 담보를 물적 담보라고 한다. 물적 담보 외에 연대보증을 요구하는 인적 담보도 담보가 된다.

담보대출과 비담보대출

담보대출은 금융회사가 요구하는 일정한 조건의 담보물을 제공하고 돈을 빌리는 것이다. 금융회사 입장에서는 돈을 빌려 간 사람이 약속한 기한 내에 원금과 이자를 제대로 갚지 못한다 하더라도 담보물을 팔아 빌려준 돈과 이자를 회수할 수 있기 때문에 안전한 대출로 생각한다.

담보대출을 받기 위해서는 일정 정도의 법적 절차(근저당 및 담보 설정)를 거쳐야 한다. 그러나 담보의 크기에 맞추어 빌릴 수 있는 금액이 크며, 이자율이 신용대출에 비해 2~3% 낮다는 이점이 있다.

● **담보의 범위**

-부동산(아파트 등 주택, 건물, 토지, 임야 등)

-동산(예·적금, 채권, 주식 등 유가증권, 전세금, 자동차)

-약관(보험 해약 환급금)

● 담보대출 시 필요한 서류

금융회사에서는 다양한 대출 서류를 요구한다. 신중한 결정이 필요하기 때문이다.

-신분을 증명할 수 있는 서류: 인감증명서, 주민등록 등본 및 초본
-본인임을 증명할 수 있는 서류: 신분증, 인감도장
-소득을 증명할 수 있는 서류:
  근로자: 재직증명서, 직장건강보험증, 원천징수영수증 등
  자영업자: 사업자등록증명원, 소득금액증명원 등
-주택담보대출의 경우: 지방세 완납 증명서, 국세 완납 증명서, 주택매매계약서, 등기부등본, 등기권리증 등

● 비담보대출

비담보대출은 신용대출이다. 개인의 신용도에 따라 대출이 이루어지는 것이다. 신용카드, 현금서비스, 마이너스 통장 등이 대표적인 예이다. 신용대출은 담보가 없기 때문에 담보대출에 비해 이자율도 높고, 대출 한도액도 낮다.

주택전세자금대출

국도교통부와 주택도시보증공사는 주택도시기금 사이트(http://nhuf.molit.go.kr/)를 통해 내 집 마련에 활용할 수 있는 정부지원 시책 및 대출 정보를 제공하고 있다. 나라에서 운영하는 대출 제도는 대부분 서민을 위해 저금리로 지원되므로, 내 집 마련 자금이 부족한 경우 주택도시기금에서 제공하는 대출 제도를 우선 알아보고, 자격 요건이 부합되지 않을 경우 은행 등 다른 금융회사를 통해서 대출을 받을 수 있다.

● 주택도시기금 전세자금대출(버팀목전세자금)

주택도시기금에서 제공하는 전세자금대출은 나라에서 지원하는 만큼 금리가 저렴한 편이다. 전용면적 85㎡(25평) 이하, 임차보증금 2억 원 이하(수도권은 3억 원 이하)인 주택에 임대차계약을 맺고, 임차보증금을 5% 이상 지불한 무주택 세대주가 대상이다. 세대원이 있을 경우 세대주 포함 세대원 전원이 무주택자여야 하며, 부부 합산 연소득이 5,000만 원 이하여야 한다. 부부 합산 연소득이 4,000만 원 이하이거나, 노인부양가구는 우대금리를 받을 수도 있다.

임차보증금의 70% 이내로 대출을 받을 수 있지만, 수도권의 경우 최대 1억 원, 그 외 지역은 최대 8,000만 원까지만 대출이 가능하다. 단, 다자녀가구의 경우 수도권은 1억 2,000만 원, 그 외 지역은 1억 원까지 가능하다.

대출 기간은 2년 일시상환이지만, 4회 연장하여 최장 10년까지 가능하다. 단, 기한을 연장할 때마다 최초 대출금의 10% 이상을 상환하거나, 연 0.1%의 금리를 가산한다. 중도상환수수료는 없다.

주택도시기금 사이트에서 제공하는 주택전세자금계산마법사 (http://nhuf.molit.go.kr/FP/FP08/FP0801/FP08010101.jsp)를 통해 대출 신청 자격이 되는지부터, 예상 대출 금액을 산출해 볼 수 있다.

● 시중은행 전세자금대출

농협을 포함한 시중은행에서는 임차보증금의 40~80%까지 대출을 받을 수 있으며, 대출금리는 주택도시기금보다 높은 편이다. 주택도시기금과 마찬가지로 임대차계약 후 임차보증금의 5% 이상을 지급해야 한다. 한국주택금융공사에서는 임차보증금 4억 원 이하(지방의 경우에는 2억 원 이하)인 전월세 계약을 체결하고 보증금의 5% 이상을 지급한 세대주가 은행에서 대출받고자 할 경우 최대 2억 원까지 전세자금대출을 보증하고 있다.

한국주택금융공사에서는 부부합산 연소득 6,000만 원 이하의 무주택 세대주(배우자 포함)가 보증금 3억 원 이하(지방은 2억 원 이하)의 주택 임차 자금을 은행에서 대출하려는 경우 임차보증금의 80% 이내에서 전세자금대출을 보증해 준다.

은행 전세자금대출의 경우 대부분 중도상환수수료가 부과되며, 임차보증금액의 한도 및 세부사항은 은행마다 상이하므로 대출을 받고자 하는 은행의 사이트나 창구를 통해 정보를 알아보자. 한국주택금융공사 홈페이지(http://www.hf.go.kr/hindex.html)를 통하면 각 은행의 전세자금대출 평균 금리와 보증 한도를 확인할 수 있다.

● 제2금융권 전세자금대출

보통 임차보증금의 80%까지 대출이 가능하며, 신용등급이나 자격조건 등이 시중은행에 비해 쉽다. 그러나 은행에 비해 높은 대출금리가 적용된다. 전입세대열람원, 임대차계약서 등의 서류가 필요하다.

주택구입자금대출

주택도시기금에서 제공하는 주택구입자금대출에는 내집마련디딤돌대출과 수익·손익공유형모기지가 대표적이다. 전용면적 $85m^2$(25평) 이하, 주택가격 6억 원 이하인 주택이어야 하며, 부부 합산 연소득이 6,000만 원 이하(생애 최초 주택 구입자는 연간 7,000만 원 이하)이며, 세대주를 포함한 세대원 모두 무주택자여야 한다. 주택가격의 최대 70%, 최고 2억 원 이내로 대출을 받을 수 있다.

내집마련디딤돌대출의 경우 대출금리는 연 2.3~3.1%로 금리가 변동될 수 있으며, 대출 기간은 10년, 15년, 20년, 30년에 원리금 균등분할상환방식이다. 중도상환수수료는 3년 이내 중도상환된 원금에 대하여 경과일수별로 1.2% 한도 내에서 부과한다.

수익·손익공유형모기지의 대출금리는 연 1.5%의 고정금리이며,

대출 기간은 20년에 원리금균등분할상환 방식이다. 3년 이내에 조기상환시 연 1.8%의 수수료를 부과하며, 5년 이내에는 연 0.9%, 5년 초과시 수수료는 없다.

주택도시기금 사이트에서 제공하는 주택구입자금계산마법사 (http://nhuf.molit.go.kr/FP/FP08/FP0801/FP08010201.jsp)를 통해 대출 신청 자격이 되는지부터, 예상 대출 금액을 산출해 볼 수 있다.

주택담보대출

주택담보대출은 대상 부동산에 근저당권을 설정하는 방식으로, 집을 구매하고자 할 때나 또는 이미 주택이 있는 경우, 집을 담보로 하여 대출을 받는 경우 이용한다.

● 한국주택금융공사 주택담보대출(보금자리론)

한국주택금융공사에서 제공하는 주택담보대출로는 보금자리론이 대표적이다. 모기지론 방식의 보금자리론의 대출금리는 연 3~3.25%로, 고정금리로 10년, 15년, 20년, 30년의 장기 대출을 받을 수 있다. 주택담보가치의 70%, 최소 100만 원에서 최대 5억 원까지 대출을 받을 수 있다.

상환은 매월 원리금균등분할상환, 체감식(원금균등)분할상환, 체증식분할상환(만 40세 미만에 한하여 선택 가능)으로 선택할 수 있으며, 중도상환수수료는 2015년 3월 2일 이후 실행되는 대출에 대해서는 최대 3년, 최대요율 1.2%가 잔여일수에 따라 일할 계산되어 감소하는 방식으로 부여한다.

보금자리론 외에도 아낌e, t플러스 보금자리론 등의 대출 상품이 있는데, 한국주택금융공사 홈페이지(http://www.hf.go.kr/hindex.html)에서 확인해 볼 수 있다.

● 시중은행 부동산담보대출

한국주택금융공사에 비해 대출금리가 높지만, 해당 자격이 안 될 경우 일반 은행을 이용하여 담보대출을 받는 방법도 있다. 대출 기간이 3년, 5년의 단기일 경우 일시 또는 분할상환을 하게 되며, 10년, 15년, 20년의 장기일 경우 분할상환으로 진행된다. 분할상환은 원리금 균등 상환을 해야 한다.

담보물 평가 및 대출 가능 금액은 신용등급이나 거래 실적에 따라 다르므로, 해당 은행의 사이트와 창구 상담을 통해 확인해 보자.

대학 학자금 대출

학자금은 대학이 해당 학기에 통보한 등록금 및 학생의 생활 안정을 위한 생활비로 구분하여 대출을 받을 수 있다. 한국장학재단을 통해 받는 것을 추천하는데, 여의치 않다면 은행권을 이용할 수도 있다.

한국장학재단을 통해 지원하는 학자금 대출에는 크게 든든 학자금대출, 일반상환 학자금 대출, 농어촌 출신 대학생 학자금 융자 등이 있다. 매학기 신청 일정은 한국장학재단을 통해 공지되므로 반드시 날짜를 확인하고 신청해야 한다.

● 든든 학자금 대출 : 취업 후 학자금 상환

취업 후 학자금 상환 제도(ICL: Income Contingent Loan)는 대학 재학 중 이자 상환의 부담 없이 학업을 수행하고, 졸업 후 소득 수준에 따라 원리금을 상환하는 제도다.

● 일반상환 학자금 대출

학부생과 대학원생이 이자만 갚는 거치 기간과 원금과 이자를 함께 갚는 상환 기간을 형편에 따라 다양하게 선택하여 합리적으로 상환하도록 설계한 대출 제도다. 대출 희망자는 개개인의 신용도에 따른 대출 제한 및 학제에 따른 대출액 한도를 사전 확인해야 한다.

● 농어촌 출신 대학생 학자금 융자

농어촌 출신 학부생에게 등록금 전액을 무이자로 대출함으로써, 농어업인 자녀들의 고등교육 기회를 보장하는 대출 제도다. 농어촌에 6개월 이상 거주한 학부모의 자녀 또는 본인이 대상이며, 직전 학기 12학점, C학점 이상 이수해야 하지만, 요건을 충족하지 못할 경우 특별 추천 제도를 개인당 2회 이내로 활용할 수 있다.

주택연금(역 모기지론)

주택연금이란 9억 원 이하의 부부 기준 1주택을 소유한 만 60세 이상의 고령자가, 소유 주택을 담보로 맡기고 매월 평생 또는 일정 기간 동안 연금 방식으로 노후 생활 자금을 지급받는 것으로, 국가가 보증하는 대출 상품이다. 역 모기지론이라고도 한다.

한국주택금융공사는 연금 가입자를 위해 은행에 보증서를 발급하고 은행은 공사의 보증서에 의해 가입자에게 주택연금을 지급한다. 부부가 모두 사망하게 되면 주택을 처분해서 정산한다. 정산 결과 최종 연금수령액의 합계가 집값을 초과하여도 차액을 상속인에게 청구하지 않으며, 반대로 집값이 남으면 상속인에게 돌려준다.

주택연금은 가입자와 배우자가 평생 담보로 맡긴 집에 그대로 살 수 있고, 담보로 인한 연금 지급도 보장한다. 국가가 연금 지급을 보증하므로 연금 지급이 중단될 위험도 없다.

금리도 일반 주택담보대출 금리보다 낮다. 저당권 설정 등록세, 지방교육세, 농어촌특별세, 국민주택채권 매입 의무도 면제된다. 대상 주택은 재산세도 25% 감면되며(5억 원 초과 주택은 5억 원에 해당하는 만큼 감면, 본세에 한함), 이자로 내야 하는 돈은 연금 정산 시 소득공제(200만 원 한도) 대상에 들어간다. 주택연금은 언제든지 별도의 중도상환수수료 없이 전액 또는 일부 정산이 가능하다.

● 주택연금의 수령 액수 결정

월 수령액은 확정기간 방식과 종신 방식 중 선택이 가능한데, 확정기간 방식은 수시 인출 한도를 설정한 후 나머지 부분을 월 지급금으로 일정 기간 동안만 받는 것이다. 종신 방식은 인출 한도를 설정하지 않고 월 지급금을 받는 종신 지급 방식과, 인출 한도를 설정한 후 나머지 부분을 월 지급금으로 받는 종신 혼합 방식으로 나뉜다.

종신 방식의 수령 유형은 월 지급금을 평생 동안 일정한 금액으로 고정하는 정액형, 처음에 적게 받다가 12개월마다 3%씩 증가하는 정률 증가형, 처음에 많이 받다가 12개월마다 3%씩 감소하는 정률 감소형, 초기 10년간은 정액형보다 많이 받다가 11년째부터는 초기 월 지급금의 70% 수준으로 줄어드는 전후후박형으로 구분된다.

[주택연금의 신청과 지급의 과정]

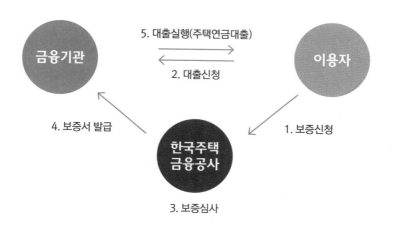

마이너스 통장은 빚

마이너스 통장은 입금 및 인출이 자유로운 요구불예금 계좌에 신용대출 한도를 미리 설정해 놓고 필요할 때마다 찾아 쓸 수 있도록 한 대출 상품이다. 일반 대출에 비해 조기 상환에 대한 수수료 부담이 없고, 돈을 갚았다가 다시 빌리려고 할 때 신규 절차를 밟아야 하는 번거로움도 없다. 이자는 대출이 발생한 부분에 대해서만 내면 된다.

● 마이너스 통장은 비상 자금 통장이 아니라 '대출' 통장이다

당장 필요하지는 않더라도 '비상 자금' 명목으로 마이너스 통장을 개설하는 사람들이 많다. 그렇다 보니 마이너스 통장 대출이 폭발적으로 증가하고 있다. '통장'이라는 명칭 때문에 빚이라는 생각이 들지 않지만 마이너스 통장은 빚이라는 점을 잊어서는 안 된다. 누구나 처음에는 급할 때만 잠시 꺼내 쓰고 금세 다시 채워 넣으리라 다짐하지만, 일단 한 번 마이너스 통장을 사용하게 되면 원래대로 채워 넣기가 결코 쉽지 않다. 마이너스를 메우기는커녕 쓰다 보면 어느새 사용 한도가 꽉 차 버리기 일쑤다.

금리도 일반 대출에 비해 상당히 높다. 은행의 마이너스 통장과 일반(신용) 대출의 금리는 0.5% 이상 차이가 나는데, 그만큼 이자 부담이 늘어날 수밖에 없다. 여기에 연체라도 하면 높은 금리의 연체 이자까지 물어야 하니 주의해야 한다.

마이너스 통장은 손쉽게 돈을 쓸 수 있어 편리하지만 그 편리함이 오히려 돈 씀씀이를 통제하기 어렵게 만든다. 그러기에 마이너스 통장의 대출 한도를 '최대한 빌릴 수 있는 한도'가 아닌 내가 '갚을 수 있는 한도'라고 생각해야 한다. 마이너스 통장에 찍히는 숫자는 '내 돈'이 아니라 '대출'일 뿐이다. 내 통장에서 돈을 인출하는 것처럼 자유롭게 돈을 찾아 쓸 수 있지만, 언젠가 갚아야 할, 그것도 이자까지 붙여 돌려주어야 하는 것이다. 그래서 마이너스 통장은 '대출 통장'인 것이다.

일반(신용) 대출과 마이너스 통장 비교

구분	일반(신용) 대출	마이너스 통장 대출
단점	대출금 전액에 대해서 이자 발생 (이자 부과)	일반(신용) 대출에 비해 높은 금리
장점	마이너스 통장에 비해 낮은 금리	이용 금액에 대해서만 이자 발생 (이자 부과)

● 마이너스 통장의 함정

약정한 금액을 다 쓰지 않더라도 약정 금액만큼 대출로 인정되기 때문에 신용 한도에 영향을 준다. 또한 오전에 쓴 돈을 오후에 채워 넣어도 하루치 대출이자를 내야 한다. 대출금을 갚지 못할 경우에는 이자가 복리로 계산되며, 만약 대출한도까지 다 쓴 후 다음 결제일까지 채워 넣지 않으면 높은 연체 이자를 내야 한다.

따라서 마이너스 통장은 단기간에 대출금을 갚을 수 있을 때 쓰는 것이 가장 좋고, 만약 1년 이상 사용하는 돈이라면 일반 대출로 바꾸어 분할 상환하는 것이 현명하다.

빚의 지렛대 효과

빚은 소도 잡아먹는다는 속담이 있다. 옛날 우리 사회는 농경 사회였다. 사람의 손으로 일일이 파종하고 추수하는 방식으로 일했다. 그때 가장 중요하고도 부러운 농사 수단은 바로 '소'였다. 농경 사회에서 소 한 마리가 갖고 있는 위력은 실로 대단한 것이다. 그런데 빚이라면 그 소도 잡아먹는다는 것이다. 빚이 얼마나 무섭고 사람의 판단을 흐리게 하는 것인지 말해 주는 것이다. 그런데 빚이란 정말 그렇게 나쁘기만 한 금융 수단일까?

이제 우리 사회는 농경 사회에서 고도 정보화 사회로 바뀌었고, 돈의 역할도 달라졌다. 열심히 일해서 돈을 벌고 모아야 하던 시대에서, 이제는 그 돈으로 돈을 벌 수 있는 시대로 바뀐 것이다. 돈은 어떻게 굴리느냐에 따라 크기가 달라진다. 한 달 열심히 일해서 번 돈보다 더 크게 불어나기도 한다.

예전에는 무조건 종잣돈을 모은 다음에 그 돈으로 돈을 불리는 것이 확실하고 안전다고 생각했는데, 이제는 빌린 돈으로도 얼마든지 돈을 불릴 수 있다고 생각하는 사회가 되었다. 그러나 빌린 돈은 위험하다. 돈 불리기에 실패하면 빚쟁이가 되는 것이다.

그렇다면 좋은 빚과 나쁜 빚은 어떤 것일까? 우선 빌린 원금이 그대로 남아 있는 빚은 좋은 빚이다. 전세보증금이건, 사업증거금이건 돈의 위력만 빌려 쓰는 경우는 이자만 갚으면 된다. 계획을 잘 세우고, 여건을 잘 파악해서 이자보다 더 큰 수익을 올리면 된다. 물론 무모하고 현실성 없는 계획으로 다달이 이자도 갚지 못하는 일을 벌이는 경우라면 그건 나쁜 빚이다. 그나마 원금이 남아 있는 빚이 아니고, 써서 없어지는 빚이라면 그건 빚진 사람을 파멸로 이끌어 가기 쉽다.

분식집을 하는 이웃이 있다고 하자. 맛있다고 소문이 났다. 배달이 밀릴 정도다. 그런데 배달통을 들고 뛰어다니는 데는 한계가 있다. 일손이 딸려 더 이상 주문을 받지 못하고 있다. 스쿠터라도 한 대 있으면 더 많은 배달 주문을 받을 수 있는데 그걸 살 만한 돈은 없다. 그럴 때 빚을 지는 것이다. 빚을 내어 스쿠터를 사면 더 많은 배달 주문을 받을 수 있고, 더 많은 매상을 올려 돈을 더 많이 벌 수 있고, 곧 스쿠터 빌린 돈을 갚게 되면, 빌린 돈이 돈을 벌어 주게 되는 것이다. 이럴 때 빚의 지렛대 효과라고 한다.

그런데 다른 경우를 보자. 소득 수준은 나와 비슷한 가정인데, 그 집은 돈을 참 많이 쓴다. 외식도 자주하고, 명품 백도 들고 다니고, 큰 집으로 이사도 가고, 차도 좋은 것으로 바꾼다. 그러나 알고 보니 빚을 지고 사는 것이라고 한다. 외식이나 명품 백은 신용카드로 샀고, 집은 모기지론 대출을 받은 것이며, 자동차는 장기 할부한 것이었다. 휴가철이 되니 가족여행도 해외로 나간다고 한다. 물론 신용카드 할부로 돈을 냈다. 이 집은 결국 어떻게 될까? 빚이 빚을 불러 빚에 둔감해지고, 지금 당장은 풍요롭게 살고 있는 것 같아도, 시간이 흐를수록 빚의 멍에를 벗어나지 못해 고통스러워하게 되는 것이다.

STUDY 34

어쩔 수 없이
빚을 내야 한다면

빚을 냈다면 이제 그 빚을 갚아야 한다. 빚을 내서 발등의 급한 불을 끄고 나면, 갚을 생각에 앞이 깜깜해진다. 그렇다면 빚 관리는 어떻게 해야 할까? 우선 빚을 내기 전에 빚을 내야 하는 이유나 빚 낼 기간과 규모, 어떻게 갚을 것인지에 관한 계획을 확실히 세워야 한다.

부채 관리의 기본 전제

● 대출 용도의 타당성 파악
대출을 받기 전에 먼저 목적이 타당한지에 대해 고민해야 한다.

주식이나 부동산에 투자 또는 투기하기 위해 대출받는 것은 위험하다. 단기 투자를 위해 빚을 내게 되면 심리적으로 불안한 상태에서 판단이 흐려지기 쉬우므로 각별히 조심해야 한다.

● 대출 기간의 적절성 파악

만약 대출 목적이 타당하다고 판단된다면 부채 기간을 합리적으로 설정해야 한다. 부채 기간은 마이너스 통장 대출처럼 일시적인 것부터 주택담보대출처럼 장기에 이르기까지 매우 다양하기 때문에 내 재무 상태와 재무 계획을 고려하여 합리적으로 결정해야 한다.

● 부채 규모의 적정성 파악

무엇보다 중요한 것은 과도하게 빚을 내지 않는 것이다. 부채 규모는 이자 및 해당 기간 내에 원금 상환을 확실히 부담할 수 있는 수준이어야 한다는 뜻이다.

● 상환 계획의 적절성 파악

대출받을 때는 상환 계획이 현실적이어야 한다. 얼마만큼의 돈으로 어떻게 상환해 나갈 것인지를 생각해야 한다. 부채 상환을 무리하게 세우면 결국은 빚을 갚지 못하게 되기 쉬우니 주의해야 한다.

부채 규모 적정성 평가 기준

● 부채 상한선

부채 상한선은 대개 내가 마음대로 쓸 수 있는 돈(가처분소득)을 정기적으로 갚아 나가야 할 부채 상환액으로 나눈 비율로 결정한다. 연간 부채상환금 / 연간 총 가처분소득의 비율이 클수록 부채 부담이 커진다. 대출 전문가들은 일반적으로 가처분소득의 30% 이내는 큰 문제가 발생하지 않지만, 20% 이내면 안전하다고 평가한다. 주택대출을 포함한 부채상환액이 가처분소득의 40%를 넘으면 매우 위험하다.

- 연간 부채상환금 총액 / 총 연간 가처분소득: 40% 이상은 위험
- 주택대출 이외의 부채상환금 / 총 소득: 20% 이내가 안전

● 부채 청산 능력

부채가 아주 클 때 사용되는 부채 상한선 결정 방법이다. 주택융자금이나 학자금 대출을 제외한 빚을 4년 안에 청산할 수 있는지 따져 보는 것이다. 4년 안에 그런 빚을 갚지 못할 정도라면 빚을 내서는 안 된다. 매우 위험하다.

● 대출금리: 고정금리와 변동금리

고정금리는 대출 기간 동안 동일한 금리가 적용되는 것을 말하며, 변동금리는 대출 기간 동안 시장의 실세금리와 연동하여 대출금리가

변하는 금리를 말한다. 어떤 것을 선택할 것인지 결정하기 위해서는 향후 금리 변화를 예측할 수 있어야 한다. 대출 기간이 길고, 큰돈을 빌린 경우에는 장기적으로 계획을 세워 갚아 나가야 하는데, 앞으로 금리가 낮아질 것 같으면 변동금리를, 높아질 것 같으면 고정금리를 선택하는 것이 유리하다. 고정금리는 확정 이율을 제시하기 때문이다.

대출금 상환 방식

● 마이너스 통장 상환:
신용한도 내에서 자유롭게 대출받고 자유롭게 상환

한도대출은 개인의 신용에 따라 금융기관에서 일정 규모의 신용한도를 정해 놓고, 그 한도 내에서 소비자가 필요할 때마다 대출을 받을 수 있는 방식이다. 한도 내에서 자유로이 인출하고 만기일에 전액 상환하는 것이다. 약정 한도 내에서 자유롭게 입출금이 가능하고 대출이 이루어진 부분에 대해서만 이자가 발생하지만, 금리는 상대적으로 높다. 한도대출은 잔액이 마이너스가 될 수 있으며, 목적에 상관없이 이용자가 수시로 빌려 쓸 수 있다.

● 만기 일시 상환: 이자만 납부하다가 만기일에 한꺼번에 상환

약정 기간 중에는 이자만 부담하다가 만기일에 대출 전액을 상환하는 방식이다. 일시 상환 대출이라고도 한다. 일정 기간 동안 일정 규모의 자금을 대출 받고, 매월 이자만 지급하다가, 원금은 계약기간이 끝날 때 한꺼번에 갚거나 다시 연장하는 것이다. 이자는 만기에 원금과 같이 납입하는 방식과 대출받는 시점에서 이자를 먼저 빼고 빌리는 방식으로 나뉜다.

● 원금 균등분할 상환 :
이자와 별도로 원금을 대출 기간 내내 똑같이 나누어 상환

대출금을 약정 기간으로 균등하게 나누어서 매달 같은 돈을 갚아 나가는 방법이다. 그렇게 되면 이자액은 갈수록 줄어든다. 부채상환액도 매월 줄어든다.

● 원리금 균등분할 상환 :
원금과 이자를 합해서 만기 시까지 매달 같은 금액을 상환

원리금(원금+이자)을 매 기간 균등하게 갚아 나가는 방식이다. 초기에는 원금 상환 비중보다는 이자 지출액의 비중이 높지만 점차 원금의 상환 비율이 높아져 가는 형태다. 이 방법은 매달 일정액을 갚아 나가게 되니까 자금 계획을 세우기가 쉽다.

● 만기 지정상환액 상환 :
원금을 조금씩 갚아 나가다가 만기에 잔액 상환

대출금 일부는 약정 기간 동안 나누어 갚고, 나머지를 만기에 일시 상환하는 방식이다. 일정 기간 소액을 상환한 후에 만기에 잔액을 상환하게 되므로 이자가 계속 줄어들지만, 만기에 남은 돈을 갚기가 부담스러울 수 있다.

부채 생활자를 위한 팁

● 금리의 선택

일반적으로 변동금리는 고정금리보다 1% 이상 낮게 책정되어 왔다. 일반적으로는 단기적인 신용대출이나 금액이 적은 대출은 금리보다 상환 방식에 따라 이자 차이가 날 가능성이 높다. 하지만 장기 대출의 경우라면 고정금리 및 변동금리를 꼼꼼히 비교한 후에 대출 방식을 선택하는 것이 좋다.

전국은행연합회 사이트에서 대출금리를 알아볼 수 있다(http://www.kfb.or.kr/info/interest_loan.html?S=FAC). 정확한 수치는 아니지만, 대출 결정을 내리기 전에 좋은 참고자료가 된다.

● 대출 한도의 결정

-총 부채/총 자산 비율

자산 대비 부채가 어느 정도인지를 나타내는 비율로서, 부채가 자산의 50% 이상이면 위험 수준이라고 판단한다.

-총 부채 상환비율(DTI : Debt To Income ratio)

담보대출자의 원리금 상환액이 소득에서 차지하는 비율. 원리금은 1차적으로 대출자의 소득에 의해 상환되기 마련이므로, 금융회사는 대출자의 소득에 근거한 채무 상환 능력을 반영하기 위해 총 부채 상환비율을 따져 본다. 정부는 특정 대출자 및 주택에 대해 총 부채 상환비율을 의무적으로 적용하도록 하고 있다.

DTI = (해당 주택담보대출 연간 원리금 상환액 + 기타 부채의 연간 이자 상환액) ÷ 연소득

–담보 인정비율(LTV : Loan To Value ratio)

담보의 가치와 대출금액의 비율을 말한다. 금융회사는 대출금이 회수되지 않을 경우 담보 자산을 처분해서 강제로 상환한다. 이때 상환금이 부족하지 않도록 담보의 크기를 따져 보는 것이다. 경매로 처분하거나 부동산 가격이 하락할 때를 대비해서 금융회사는 담보 가치를 시세보다 낮게 평가한다.

주택의 종류나 소재 지역에 따라서도 인정 비율이 달라질 수 있다. 담보가치는 국세청 기준시가, 한국감정원 등 전문 감정 기관의 감정 평가 금액, 한국감정원 시세의 시세 중간 가격, KB부동산 시세의 일반 거래 가격 중 한 가지를 적용한다.

LTV = (주택담보대출금액 + 선순위채권 + 임차보증금 및 최우선 변제 소액임차보증금) ÷ 담보가치

STUDY 35

사채는 필요악인가?

사금융이란 사채라고도 하고 은행 등의 제1금융권이나 서민저축기관 등의 제2금융권으로부터 돈을 빌리지 못해 제3의 금융사업자에게서 돈을 끌어다 쓰는 것을 말한다. 제3의 금융사업자를 사채업자, 또는 대부업자라고도 한다. 대부업을 하려는 사람은 해당 영업소를 관할하는 특별시장·광역시장 또는 도지사에게 등록해야 한다. 대부업자에는 직접 대출해 주는 사람뿐 아니라, 대출 중개만 하는 사람도 포함된다. 시·도에 등록하지 않고 영업하게 되면 불법 사채업자가 된다.

사채가 없어진다면 이 세상은 어떻게 될까? 신용도가 낮은 서민들은 돈 빌릴 곳을 찾기 어렵게 된다. 신용도가 낮지 않더라도 급전이 필요한 사람들은 금융회사에 돈을 쌓아 두고서도 그 돈을 쓰지 못해

발을 동동 구르게 된다. 주말이나 밤 늦은 시간 금융회사가 문을 닫고 있을 때는 통장의 돈을 현금화할 수 없다. 신용카드나 현금카드로 해결이 안 되는 돈을 조달할 방법이 없게 된다. 그때 사채가 유용한 도움을 주는 것이다. 광고에도 등장한다. 전화만 걸면 끊기 전에 통장에 돈을 입금해 주겠노라고. 여자라서 행복하다고. 물론 이런 광고는 사채업자만이 아니라 일부 저축은행에서도 하고 있지만 말이다.

사채는 급전이 필요할 때 단기간만 빌려 쓰는 것이다. 은행이나 새마을금고와 같은 정상적인 금융회사보다 금리는 높지만, 금융회사에서 거래하기 어려운 서민들이 급전을 한두 달 동안만 단기간에 빌려 쓰려고 할 때는 유용한 금융 수단이 된다. 그러나 갚을 계획 없이 눈앞의 급한 불을 끄겠다고 빌려 쓰는 사채는 우리를 파멸로 이끌 수도 있다.

안전한 금융 거래를 위한 정부의 규제

정부는 사채가 위험한 대출 수단이라는 점을 고려해서 대부업자를 다양하게 규제한다. 광고를 제한하고, 금리 상한선을 넘지 못하게 하는 한편, 불법 추심을 형사처벌한다.

● 이자 제한
이자율은 대부업법의 적용을 받아 최고 금리 제한이 적용된다. 이 이자율은 계속 줄어드는 추세인데, 2018년까지는 연간 27.9%의 이자율로 제한되어 있다. 사례금, 할인금 등의 명칭과 관계없이 대부업자가 받는 돈은 모두 이자로 간주된다. 대부업자로 등록하지 않은 불법 사채업자에게는 이자제한법이 적용되어 연간 25% 이상의 이자율을 받지 못하게 되어 있다.

● 불법 추심 행위 처벌

불법적인 채권추심행위를 막기 위해 폭행·협박 시 3년 이하의 징역 또는 3,000만 원 이하의 벌금에 처하게 하는 등 형법보다 무거운 형량을 적용하고 있다. 대부업법의 이용자 보호 조항은 다음과 같다.

① 계약 체결 시 중요 정보 제공 및 이용자 확인

대부업자가 대출자와 계약을 체결하는 경우에는 대부 금액, 대부 이자율 등 법에서 정한 사항이 적힌 대부계약서를 이용자에게 제공하고 그 내용을 모두 설명해야 한다.

또한 이용자가 대부 금액, 대부 이자율, 변제 기간, 연체 이자율 등의 중요 사항을 숙지하였는지 확인하기 위하여 이용자 자필 기재를 의무화하고 있다.

대부계약서 작성 시 채무증명서 발급 비용 및 발급 기한을 미리 기재하도록 해 이용자의 채무증명서 발급 요청을 부당하게 거절하지 못하도록 예방하고 있다.

② 무분별한 대출 제한

과도한 대출을 방지하기 위해 대부업체가 대출자의 소득과 재산을 의무적으로 파악하도록 하고 있다. 대부업체는 대출자의 소득 및 재산, 부채 상황에 관한 증명서류를 제출받아 변제 능력을 사전에 파악해야 한다. 이는 주부나 대학생 등 갚을 능력이 없는 이들에게 무분별하게 대출을 하지 못하도록 의무화한 것이다.

③ 이자율 제한

이자율 제한을 위반하여 대부계약을 체결한 경우 제한 이자율을 초과하는 부분은 무효다. 채무자가 제한 이자율을 초과하여 지급한 이자는 원금 상환으로 충당하고, 남은 금액이 있으면 그 반환을 청구할 수 있다. 대부업자가 선이자를 사전에 공제하는 경우에는 채무자가 실제로 받은 금액을 원금으로 하여 제한 이자율을 적용한다.

④ 대부 중개수수료는 대부업자 부담

대출자에게 중개수수료를 요구하는 것은 불법이다. 금융감독원 등 행정관청에 신고하여야 한다.

사금융(사채) 안전하게 이용하는 방법

우리나라 사람 중 5% 이상이 사채를 이용한다는 통계가 있다. 사금융은 제도권 금융에 비하여 위험할 가능성이 높지만, 부득이하게 이용하게 되는 경우라면 안전하게 이용하도록 노력해야 한다.

● 사금융 피해자 상담 창구

-금융감독원

금융감독원의 서민금융1332(http://s119.fss.or.kr)는 한국이지론 등 10개의 관련 기관에 대한 금융 정보를 제공하는 금융 포털 사이트로, 거래 금융회사 선택을 위한 정보부터 신용회복에 이르기까지 다양한 서비스를 제공한다.

금융감독원 불법사금융 신고센터 연락처: (02)3145-8145/ (02)1332
http://www.fss.or.kr/fss/kr/acro/report/privateloan/report_write.jsp

불법대출 중개수수료 피해신고 연락처: (02)3145-8528~9
http://www.fss.or.kr/fss/kr/acro/report/illegalloan/report.jsp

국내 대표 검색 포털 사이트에서 서민금융 포털에 접속할 수 있으며, 지방자치단체나 공공기관, 금융회사 홈페이지에서도 서민금융 포털에 접근이 가능하다.

-한국자산관리공사

한국자산관리공사의 서민금융나들목(http://www.hopenet.or.kr)에서도 피해자 상담 서비스를 받을 수 있다.

금융문맹 CASE 5
무리한 아파트 투자가 남긴 빚

A씨는 시부모 두 분이 모두 암에 걸리며 병원비로 7,000만 원의 빚이 쌓이자 아파트 투자에 눈을 돌렸다. 2003년 4,900만 원에 샀던 파주의 아파트가 5년 만에 1억 4,000만 원으로 껑충 뛰는 놀라운 경험을 해 봤기 때문이다.

A씨는 살던 아파트를 팔아 빚을 청산한 뒤 은행에서 7,500만 원 대출을 받고 전세를 끼어 1억 4,500만 원짜리 아파트를 샀다. 큰돈을 벌려면 부동산만한 게 없다고 생각했던 것이다. 그런데 세금이나 중개수수료 외에 무슨 공사비다 뭐다 해서 돈 들어갈 데가 많았다. 가진 돈이 없어 현금서비스를 받아서 썼고, 그 돈을 갚기 위해 다시 공무원인 남편 명의로 대출도 받고, 보험회사에서 약관대출도 받았다. 그러다 보니 순식간에 빚이 1억 원이 넘었다.

그런데 그것으로 끝이 아니었다. 엎친 데 덮친 격으로 금융 위기와 미분양 사태가 터지면서 아파트 가격이 폭락해 4년 만에 집값이 4,000만 원이나 떨어졌다. 그동안 늘어난 대출금이 부담되어 집을 팔려고 내놓았는데 팔리지도 않았다. 전세금을 내주느라 남편의 퇴직금까지 2,000만 원을 끌어 써야 했다.

A씨는 아파트를 구입할 때 대출의 이자 비용과 기타 지출 비용, 앞으로의 시장 상황 등을 꼼꼼하게 고려했다면 이 지경까지는 되지 않았을 텐데 무리한 투자가 결국 빚만 남겼다고 고개를 저었다.

부자 아빠 없이
부자 되는 법

STUDY 36

재무 설계 이야기

　부자가 되려면 돈을 버는 것도 중요하지만, 번 돈을 효과적으로 사용하고 계획적으로 관리하는 것이 더 중요하다. 돈을 벌기만 하고 쓰는 돈을 관리하지 않는 것은 밑 빠진 독에 물 붓기와 같다. 돈을 적절히 관리하기 위해서는 재무 설계를 통해 돈에 체계적으로 접근할 필요가 있다. 재무 설계(Financial Planning)란 돈을 합리적으로 벌고, 쓰고, 모으고, 늘리기 위해 자신의 형편과 역량에 맞게 계획하는 과정을 말한다.

재무 설계 방법

　사람들은 돈에 관한 욕구와 목표가 저마다 다르고, 가진 재산도 다르다. 그렇지만 생애주기별로 따져 보면 그러한 문제들이 다른 것 같으면서도 서로 비슷한 패턴으로 나타난다. 따라서 생애주기에 따라 소득과 지출을 맞춰 나가다 보면 비교적 여유롭게 생활해 나갈 수 있다.

생애주기를 고려한 재무 설계 단계는 일반적으로 다음과 같다.

① 생애주기 파악

　-생애주기의 중요성 인식

　-나와 가족의 생애주기 파악

　-가족 구성원 간의 대화를 통해 인생 목표 설정

② 돈에 관한 목표(재무 목표) 설정

　-단기(1년 이내), 중기(5년 이내), 장기(6년 이상) 재무 목표 설정

　-목표의 구체화 및 실효화

　-목표의 우선순위 결정

③ 가용 자원 관련 자료 수집

　-재무자원(소득, 지출, 자산, 부채)

　-가족 구성원의 재무 역량(가족 구성원 수, 연령, 소득원, 직업 안정성, 투자

　위험 수용 성향)

④ 재무 상태 분석 및 평가

　-현금흐름표와 자산상태표 분석

-재무 비율을 활용한 재무 상태 평가

⑤ 소요 자금 조달 방법

-재무 목표별 필요 자금 계산

-재무 목표 달성을 위해 모아 둔 금액과 모자라는 금액 계산

-자금 마련 계획: 소득과 지출의 조정

-저축 및 투자 방법(기간, 금융 상품 선택 포함) 찾기

⑥ 실행 및 점검

-재무 설계 내용 실행

-정기 평가 및 수정 · 보완

자산상태표

가계의 재무안정성을 진단하기 위해서는 자산상태표와 현금흐름
표가 필요하다. 그중에서 자산상태표는 기업에서 사용되는 대차대
조표와 같은 개념으로 가계의 자산 상태를 일목요연하게 나타내 주
는 표다. 가계 재무 상태가 얼마나 안정적인지, 자산이 어느 한 종류
에 편중되어 있지는 않은지, 부채의 목적은 무엇이며 장 · 단기적으
로 부채의 분배는 적정한지 등을 파악할 수 있다.

자산상태표는 매년 혹은 상반기와 하반기 등 일정 시점을 기준으로 작성한다. 가계 재무 상태가 얼마나 변하고 있는지 정기적으로 파악하기 위해서다. 표의 왼쪽에는 자산(돈, 부동산 등 보유 재산) 상황을 기록하고, 오른쪽에는 부채와 순자산(자산에서 부채를 뺀 나머지)을 기록하여, 왼쪽과 오른쪽을 대조해 볼 수 있게끔 구성하면 된다.

● 자산

-현금성 자산: 유동성 자산이라고도 하며, 쉽게 현금화할 수 있는 자산을 의미한다.

　　예) 현재 보유한 현금, 수표, 보통예금, 저축예금 등

-금융 투자 자산: 이자나 배당금과 같이 파생되는 금융소득을 기대하거나, 자산 가치의 상승을 기대하는 자산을 의미한다.

　　예) 정기예금, 정기적금, 신탁, 주식, 채권, 저축성 보험, 연금 등

-부동산: 현재의 시가로 계산한 부동산의 가치를 의미한다.

　　예) 주택, 토지, 상가 및 사무실 등 상업용 부동산, 별장 등

-기타 개인소유물

　　예) 자동차, 가구집기, 보석, 골동품, 미술소장품, 빌려준 돈, 전세보
　　　　증금, 콘도회원권, 골프회원권 등

● 부채

-단기 부채: 유동성 부채라고도 하며 일반적으로 1년 이내에 갚아야 하는 부채를 말한다.

예) 현금서비스를 포함한 신용카드 대금, 외상값, 미지급 세금, 기

타 개인 빚 등

-중·장기 부채: 고정 부채라고 하며, 상환 기일이 1년에서 5년 사이인 경우 중기 부채, 5년 이상인 경우 장기 부채로 구분한다. 자산상태표에는 상환하고 남은 현재의 부채 잔액을 기입한다.

예) 자동차 할부, 주택 관련 부채, 학자금 대출 등

● **순자산**

순자산은 총자산에서 총부채를 뺀 나머지다. 자산상태표에 적어 놓은 모든 자산을 처분한 돈으로 모든 부채를 갚고 남은 돈을 말한다. 순자산이 마이너스라면 빚에 의존해서 산다는 의미고, 플러스라면 저축이 있다는 의미다.

순자산은 생애주기에 따라 달라지는데, 젊은 시절에는 순자산의 크기가 크지 않지만, 중년으로 갈수록 증가하며, 경제생활에서 은퇴하고 나면 다시 감소한다.

자산상태표 예시
(0000년 00월 00일~ 0000년 00월 00일, 단위: 만 원)

자산		부채	
• 현금성 자산		**• 단기 부채**	
현금 또는 수표		신용카드	
보통/저축예금		외상 및 할부	
		마이너스 통장	
		기타	

218

• 투자 자산(현재 가치)		• 중장기 부채(현재 잔액)	
주식		금융기관대출	
채권		주택자금대출	
정기적금		기타	
펀드			
개인연금			
• 부동산(현 시가)		총부채	
주택			
주택 외 부동산			
• 기타 자산		순자산	
자동차			
총자산		총부채+순자산	

현금흐름표

현금흐름표는 가계의 수입과 지출을 정리한 가계부로서, 가계 수지 흐름표라고도 한다. 일정 기간 동안 가계로 들어온 돈과 가계로부터 나간 돈의 흐름을 나타냄으로써, 가계 재무 상태의 변화 과정을 파악하고, 저축과 투자 여력을 분석할 수 있다.

현금흐름표는 일정 기간(주로 1개월)을 기준으로 작성한다. 왼쪽에 수입, 오른쪽에 지출을 기록하며, 총수입과 총지출이 일치해야 한다.

● 수입

-노동소득: 가계구성원이 시장에서 정신적, 육체적 노동력을 생산 요소로 제공한 대가다.

예) 월급, 노동자의 임금, 비정기적인 급여, 아르바이트 시급, 일당 등

-재산소득: 가계의 화폐, 토지 등을 생산자본으로 제공한 대가다.

예) 이자, 지대, 집세, 주식배당금, 자산 가치 상승으로 인한 차익 등

-사업소득 및 부업소득: 가계가 자기자본과 노동력을 결합하여 생산 활동에 참여한 대가다.

-이전소득: 생산 활동 없이 일방적으로 받은(이전된) 돈이다.

예) 빈곤층에 대한 정부보조 등의 공적 이전, 상속이나 증여, 선물 등 사적 이전 등으로 인한 소득

● **지출**

-고정 지출: 늘 일정한 금액을 정기적으로, 반드시 지출해야 하는 돈.

예) 세금, 대출금 상환액, 자동차 할부금, 보험료, 국민연금 납부금, 부동산 임대료 등

-저축과 투자: 일정 금액을 정기적으로 지출한다는 점에서는 고정 지출에 포함할 수 있지만, 자산의 축적을 위해 자발적으로 지출하는 것이므로 별도로 분류한다.

-변동 지출: 지출 규모나 시기를 조절할 수 있는 지출이다.

예) 식료품비, 외식비, 피복비, 가구집기비, 교육비, 교양오락비, 교통비, 통신비 등

-기타 미확인 지출: 위의 지출 항목에 포함되지 않은 지출액. 지출 항목이 확인이 되지 않는 지출액으로 인해 총수입과 총지출 간에 차액이 발생할 수 있으므로 기록하여 두었다가 향후 차액이 발생하지

않도록 주의하는 자료로 활용한다.

● 총수입과 총지출

가계의 현금흐름표에서는 총수입과 총지출이 일치해야 한다. 저축과 투자액을 따로 구분하고, 미확인 지출액까지 기록하기 때문이다.

현금흐름표 예시
(0000년 00월 00일 현재, 단위: 만 원)

수입		지출	
• 노동소득(세후)		**• 고정 지출**	
남편 소득		세금	
아내 소득		대출상환금	
		국민연금, 건강보험	
		자동차보험	
• 재산소득(이자, 배당금 등)		**• 저축과 투자**	
이자		적금/ 저축	
배당금		펀드	
사업 및 부업소득		개인연금	
이전소득		**• 변동 지출**	
		식료품비	
		외식비	
• 기타 현금 유입		피복, 신발비	
대출금		주거, 광열, 수도비	
만기 적금		보건, 의료비	
		교육비	
		통신비	
		기타	
		• 기타 미확인 지출	
총수입		**총지출**	

재무안정성 자기 진단

　자산상태표와 현금흐름표에 나타난 자료를 활용하여 다음의 표에 제시한 재무 비율을 구하고, 재무 상태를 진단해 보자. 단, 표에 제시한 권고 수준은 일반적으로 재무 상태가 건전한 수준을 의미하는 것으로, 각자의 성향이나 생활환경에 따라 차이가 날 수 있다. 따라서 표의 권고 수준을 중심으로 자신의 상태에 부합하는 재무 기준을 따로 정해 두는 것이 좋다.

가계 재무 비율	의미	일반적 권고 수준
월 평균 소비지출 / 월 평균 가처분소득	- 가계수지가 흑자인지 적자인지 판단하는 비율 - 1이 넘으면 소득보다 지출이 많다는 의미	- 일반적으로 0.9 미만이 바람직.
비상 자금 / 월 평균 기본 생계비	- 실업, 질병, 사망 등 갑작스러운 위험에 대비하기 위한 비상 자금이 어느 정도 되는지 판단 - 소득이 갑자기 중단될 경우, 비상 자금으로 몇 개월 정도 기본 생계를 유지할 수 있는지 평가	- 6개월 정도의 생계비를 비상 자금으로 비축하는 것이 바람직. - 일반적으로 6개월이면 비상 상황이 대부분 종료됨.
월 평균 보험료 / 월 평균 가계소득	- 장기적 위험에 대한 대비 정도 파악 - 가계소득에 대비하여 보험료 수준이 적절한지 판단	- 0.1 정도가 바람직. - 저축성 보험을 포함하더라도 0.2 미만.
월 평균 부채상환액 / 월 평균 가계소득	- 부채 원리금 상환 부담이 어느 정도인지 평가 - 매월 지출하는 원리금 상환액이 가계소득에서 차지하는 비중의 적절성 판단 - 이자만 납부하는 경우에도 원금 상환 충당금을 포함하여 계상	- 소득 수준에 따라 다르지만 일반적으로 주택 관련 부채가 있을 경우 0.4 미만, 주택 관련 부채가 없을 경우 0.2 미만이 바람직.
총 부채 / 총 자산	- 총 부채의 부담이 어느 정도인지 평가 - 부채 청산 능력을 판단	- 0.4 미만이 바람직.

연간 총 저축액 / 연간 가처분소득	- 가처분소득에서 어느 정도를 저축하 는지 파악 - 재무 건전성 여부를 판단	- 20% 이상이 바람직. - 1인당 국민소득 만 불 달성을 전후 로 우리나라 가계 저축률은 23% 내외의 수준을 보이고 있다.
투자 자산 / 총 자산	- 총 자산 대비 투자 자산의 비중이 적 절한지 판단 - 수익성이 높은 만큼 위험 부담도 크므 로 적정 수준을 유지하는 것이 중요	- 개인의 투자 성향에 따라 다르지 만, 공격적인 경우라 할지라도 0.2 미만이 바람직.

※ 미국에서 적정 재무 비율로 많이 활용되고 있는 Griffith(1985)와 Lytton(1991)의 재무 비율을
한국인의 특성에 맞추어 재구성함.

예·결산 세우기

예산이란 일정 기간(주로 한 달)에 가계가 필요로 하는 돈을 어떻게 마련해서 어떻게 사용할 것인가 하는 계획을 세우는 것이다. 결산은 예산을 계획대로 잘 수행했는지 평가하는 것이다. 그러므로 예산과 결산이 잘 실행되면 재무 목표를 손쉽게 이룰 수 있다.

예산 계획을 세우는 이유는 첫째, 예산의 범위 내에서 지출을 하여 소득을 초과하는 지출을 방지하기 위해서다. 둘째, 꼭 필요한 곳에만 지출하여, 재무 목표를 달성하기 위한 것이다. 가계 재무 관리는 예산 수립에서 시작된다.

● 가계 구성원과의 협의는 필수

예산 수립은 가족 구성원 개개인이 원하는 목표를 파악하는 데에서 시작해야 한다. 가족이 협의하여 세운 계획이어야만 꾸준하게 실

행할 수 있기 때문이다. 따라서 가계 구성원과 공감할 수 있는 목표를 설정하고 지출 우선순위를 정하는 것이 바람직하다.

● 예산 및 결산 과정

① 기간 정하기: 한 달을 기준으로 할 것인지, 한 주를 기준으로 할 것인지, 혹은 6개월이나 1년을 기준으로 할 것인지 결정해야 한다. 예산 기간은 재무 목표에 따라 달라진다.

② 예상 소득과 지출 수준 파악하기: 다양한 수입원을 고려하여 예산 기간 동안 소득이 얼마나 될지 예상해 보자. 또한 지난 예산 기간의 지출 상태를 확인하여 고정 지출 규모와 지출 내역의 문제점을 파악하자.

③ 저축 및 투자 목표 설정: 지출 후 남는 금액으로 저축 및 투자를 계획하면 목표 금액을 달성하기 어렵게 된다. 저축 및 투자 목표를 미리 설정한 후 지출 계획을 세우자.

④ 지출 항목 작성: 고정 지출과 변동 지출로 나누고 변동 지출은 가장 중요한 것부터 지출 예상액을 정해 놓자.

⑤ 예산 실행 및 평가: 가계부를 통해 미리 정해 놓은 예산 기간의 실행 결과를 평가하자.

● 예산 계획을 세울 때 유의할 점

① 소득이 증가할 것으로 과대평가해서는 안 된다.

② 소득 감소가 예상되면 반드시 예산에 반영한다.

③ 예정에 없던 소득이 생기면, 지출보다는 빚을 줄이는 데 활용한다.

④ 소득을 파악할 때는 과외 수당이나 부업으로 얻은 임시 소득도 포함한다. 그렇지 않으면 유흥비로 써 버리기 쉽다.

⑤ 지출을 정확히 파악한다. 사람들은 보통 최근 소비나 규모가 큰 소비 위주로 기억하기 때문에 실제 지출은 예상보다 많은 경우가 대부분이다.

⑥ 소비지출은 고정 지출과 변동 지출로 구분하여 파악한다.

⑦ 가계 지출에서는 매월 발생하는 지출뿐만 아니라, 연간 또는 계절적으로 발생하는 지출도 고려한다.

⑧ 예산에는 여유 자금을 포함한다. 지키기 힘든 예산은 중도에 포기하기 쉽다. 예산에 적절한 이유가 필요하다.

가계부 작성하기

수입과 지출 내역을 적어 놓지 않으면 합리적인 소비생활을 하기 어렵고, 저축 목표에 도달하기도 힘들어진다. 가계부 기록은 처음에는 귀찮지만 익숙해지면 여러 방면으로 유용하게 활용할 수 있다.

가계부를 통해 집안 살림의 과거, 현재, 미래의 변화를 정확하게 파악할 수 있다. 또한 재무 목표를 세우고 달성하는 과정에서 가계 구성원의 신뢰와 협조를 요청할 수 있는 자료로 활용할 수 있다. 물가 변동 내역을 파악할 수 있고, 잘못된 거래를 바로잡거나, 추후 수

정하는 데 근거 자료가 된다.

가계부를 처음 쓸 때는 잘 써야겠다는 욕심을 버려야 한다. 너무 세세하게 쓰다 보면 지쳐서 포기할 수 있다. 또한 2~3일간 가계부를 못 썼다면 빼먹은 내용에 대해 너무 집착하지 말고 숫자가 조금 맞지 않더라도 현재 시점에서 다시 시작한다.

● 작성 방법

가계부의 기본은 수입과 지출을 날짜별로 적는 것이지만, 그날그날 생긴 지출을 단순하게 적어 두기보다는 지출 항목별로 구분하는 것이 좋다. 지출 내역을 통제하기 쉽고, 결산하기에도 매우 편리하다.

● 결산 노하우

가계부를 적은 후, 예산 기간이 끝나면 수입과 지출을 항목별로 계산하여 예산 내역과 대조해 본다. 예산과 결산은 가계의 수입과 지출이 균형을 이루는지 파악하려는 것으로, 저축 목표 설정과 예산 내역 변경의 근거가 된다. 결산 결과 수입보다 지출이 많을 경우에는 지출을 줄여야 한다.

가급적 예산 내역에 맞추어 지출하는 것이 바람직하지만, 때로는 예상하지 못한 일이 생길 수도 있으므로, 일반적으로는 예산 내역을 융통성 있게 조정하거나, 비상 자금을 모아 둘 필요가 있다.

작성하기 쉬운 가계부 예시

0월 예산	주거 관리비 00만 원			교통비 00만 원		
0월 지출	날짜	내역	금액	날짜	내역	금액
		수도요금			대중교통비	
		전기요금			대중교통비	
		가스요금			대중교통, 택시	
		관리비				
		청소비				
0월 지출 합계						
0월 결산 결과	항목별 예산액 - 지출 합계			항목별 예산액 - 지출 합계		
0월예산	보건·의료비 00만 원			교육비 00만 원		
0월 지출	날짜	메모	금액	날짜	메모	금액
		병원비			학습지	
0월 지출 합계						
0월 결산 결과	항목별 예산액 - 지출 합계			항목별 예산액 - 지출 합계		
0월 결산 총액	총예산액 - 총지출액					

STUDY 37

생애주기별
재무 설계 전략

사회 초년기(20대 중반부터 결혼 전)

스스로 돈을 벌기 시작하면 재무 설계가 시작되어야 한다. 이 기간을 전문가들은 재테크의 황금기라고 본다. 고정 수입이 생기지만 생애주기에 비추어 돈을 쓸 데가 상대적으로 많지 않은 시기인 만큼 소득을 적절히 관리해서 저축을 최대한 늘려야 한다. 또한 이 시기에 소비를 체계적으로 관리하지 않으면 지출 규모가 커지기 쉬우므로 유의해야 한다. 이 시기에는 종잣돈을 모아 최대한 키울 수 있는 전략을 세울 필요가 있다.

이 시기부터 은퇴 이후의 노후 생활 대비에도 관심을 기울여야 한다. 노후 대비는 일찍 시작할수록 좋다. 적은 돈으로도 큰 효과를 얻을 수 있기 때문이다.

● 무조건 저축

이 시기에는 월급을 받으면 일정 금액을 무조건 먼저 저축하는 습관을 길러야 한다. 월급의 최소 50%에서 최대 70%까지 강제 저축이 필수다. 시간이 지날수록 소비지출이 늘게 되므로, 미리 결혼 자금, 자동차 구입 비용, 주택 마련 비용 등에 대비해야 한다.

지출을 줄이기 위해서는 소비 내역을 꼼꼼히 기록하면서 자신의 소비 성향을 파악하는 것이 도움이 된다. 자산 증식용 종잣돈을 만들겠다는 재무 목표를 두고, 장기적으로 목돈을 만들어 나가자. 특히 절세 혜택이 있는 금융 상품을 적극적으로 활용하자.

● 유연한 금융 투자

종잣돈이 모이면 공격적 투자를 감행할 필요도 있다. 여유 자금이 많지는 않지만, 원금의 손실을 감당할 여력이 있다. 부양해야 할 가족도 없고, 목돈이 반드시 필요한 결정적인 일도 없기 때문이다. 장기적으로 볼 때 위험을 감수하면서라도 일부 자산은 적극적으로 투자하는 편이 유리하다. 정보와 의사결정 능력이 충분히 있고, 원금을 잃어도 좋다고 결심했다면 주식에 직접 투자해 볼 수 있다. 그렇지 않다면 적립형 펀드에 투자하자.

이 시기에는 다양한 투자 상품에 분산 투자해 보는 것이 재테크 공부에 도움이 된다. 투자에 대한 경험을 많이 쌓으면 자산이 쌓였을 때 더 현명한 선택을 할 수 있다.

● 내 집 마련 준비

내 집 마련을 위한 첫걸음으로 복잡한 청약권을 하나로 합해 놓은 주택청약종합저축에 가입하자. 내 집 마련 계획은 장기적이고 체계적으로 세워야 하고, 세금우대, 소득공제 등의 혜택을 잘 활용해야 한다. 주택 구입 시 대출을 받게 되는 경우에 대비해서 주거래은행을 만들어 거래 실적을 쌓고 신용 관리를 적절히 하자.

● 보험 가입

위험 관리는 자산 운용의 기본이며 안전장치다. 소득의 일정 부분을 보장성 보험에 가입하고, 종신보험과 암을 포함한 주요 성인 질병에 대비하여 실손의료보험에 기본적으로 가입해야 한다. 이러한 보험은 가입이 빠를수록 보험료가 싸진다.

은퇴 후 노후 생활에 대비하기 위해 적은 금액으로라도 연금보험이나 변액보험에 가입할 필요도 있다. 국민연금, 산업재해보상보험, 국민건강보험, 고용보험 등의 사회보험제도를 숙지하여 불확실한 위험에 대비하기 위한 지식도 갖추어 놓자.

● 결혼 자금 마련

결혼 시기에 맞추어 저축 기간과 목표 금액을 설정해 둘 필요가 있다. 목표 금액에는 주택 마련 비용과 신혼 살림 구매 비용이 포함되어야 한다. 가장 일반적으로는 저축 기간이 길지 않고, 정해진 기일에 반드시 현금화할 수 있는 돈이어야 하므로 수익률보다 안전성에 비중을 두어 정기적금을 활용하는 것이 좋다.

신혼기(30대 초·중반)

결혼해서 자녀가 생기기 이전까지의 기간이다. 주로 30대 초·중반에 해당되는데, 자녀 출산을 하지 않거나, 출산 시기를 미루는 부부들이 증가하면서 신혼기가 길어지고 있다. 부부가 충분히 상의하여 가정을 어떻게 이끌어 갈지 장기 계획을 세울 필요가 있다. 맞벌이의 경우에도 가능하면 공동으로 수입, 지출 등을 관리하면서 가계부를 쓰도록 하자.

생활비 마련, 용돈 조정, 자녀 출산 경비나 양육비 마련 등 새로운 가정을 꾸리면서 부딪치는 다양한 금전 문제에 적응해야 하며, 가족 구성원의 사망·질병·사고 등 다양한 위험 관리 계획이 필요한 시기이기도 하다. 본인의 사망으로 가족이 겪게 될 경제적 혼란에 대비해서 종신보험에도 가입할 필요가 있다. 어떤 판단을 하든 적절한 저축·투자 계획과 금융 상품 선택이 필요하다.

● 주택 자금 마련을 위한 계획 수립
주택 마련에는 큰돈이 필요하므로 현명한 판단이 선행되어야 한다. 좋은 집에서 신혼 생활을 시작하기 위해서 부모에게 손을 벌리고, 그래도 모자라면 대출을 받을 것인가, 아니면 시작은 분수에 맞는 소박한 집을 구해서 부모님의 안정된 노후 생활을 지켜 드리고, 돈을 여유 있게 모아 나중에 더 좋은 집을 사서 이사 갈 것인가의 판단이다.

'보금자리주택' 등 신혼부부 우선 주택에 청약하거나 생애최초 특별 공급 등의 신혼부부를 위한 주택을 목표로 하는 것이 좋다. 만약 전세자금이 부족하다면 정부에서 운영 중인 신혼부부 지원 정책을 활용하는 것도 한 방법이다. 대표적인 제도로 '신혼부부 전세임대'와 '근로자 · 서민 전세자금 대출' 등이 있다.

● 최대한 저축

신혼기에는 소득 수준이 높지 않을 뿐더러 과거에 모아 두었던 돈은 결혼 자금으로 거의 다 써 버린 상태이기 때문에 앞으로의 경제적 기반을 마련하려면 가능한 한 많은 돈을 저축해야 한다. 일단 종잣돈이 마련되면, 그 돈을 다양하게 운용하여 투자하는 것이 순서다.

신혼기 역시 소득의 50% 이상을 저축하는 것이 좋다. 효율적으로 저축하기 위해서는 저축할 금액을 매달 따로 떼어 월급 통장에서 저축 통장으로 바로 자동이체하는 것이 좋다

● 다양한 방법을 활용하여 목돈 마련

목돈 마련을 위해 비과세 상품이나 세금 우대 상품, 소득공제 등

세금 혜택이 있는 장기 적립식 저축을 활용하자. 또한 노후를 위해 개인연금에도 가입하는 것이 좋다. 적립식 펀드는 상대적으로 위험 부담이 크지 않기 때문에 매달 정기적금처럼 납입하면 효과적인 목돈 마련 수단이 될 수 있을 것이다.

자녀 출산 및 양육기(30대 중·후반)

저축해 놓은 돈을 이미 결혼 준비로 거의 다 쓴 상태다. 대출을 받았다면 원리금 상환으로 고정 지출 비율이 높아지게 된다. 여기에 임신·출산에 양육비까지 더해지면 돈의 압박으로 의사결정에 혼란을 겪게 된다. 특히 아이가 생기면 양육비 지출이 가계 소비의 1/3 이상을 차지하게 되고, 아이가 성장하면서 지출은 더욱 늘어나므로 적절하게 대처하지 않을 경우 부채 인생을 시작할 우려가 있다.

● 출산 및 양육 비용의 합리적 지출과 준비

새로운 가족이 생기면 고급 소비에 대한 욕구가 커진다. 그러나 가계 상황을 구체적으로 파악하여, 가계에 큰 부담이 되지 않는 범위 내에서 합리적으로 소비지출을 해야 한다.

출산 문제를 해결하기 위해 국가가 지원하고 있는 다양한 정책을 활용하자. 보건복지부와 사회보장정보원에서 운영하는 임신육아종합포털 아이사랑(www.childcare.go.kr)을 참조하면 좋다.

국가와 지방자치단체의 임신·육아 지원 정책

종류	정책	대상	지원 내용
임신	임신·출산 진료비 지원	건강보험가입자 중 임신 확인된 신청자	임신 및 출산 비용 중 50만 원 (다태아 70만 원)
출산	산모·신생아 도우미 서비스	전국 월 평균 소득 50% 이하 출산 가정	1일 8시간, 2주 12일 범위 내에서 가정방문 도우미 서비스
출산	출산 전후 휴가·급여	근로기준법이 적용되는 여성 근로자	출산 전후 90일간 휴가 가능, 이 기간 동안 통상임금 100% 지급.
양육	육아휴직 급여	근로기준법이 적용되는 여성 근로자	50만 원에서 100만 원까지 육아 휴직 기간 동안 통상임금의 40% 지급.
양육	가정양육 수당 지원	보육료, 유아학비, 종일제 아이돌 봄 서비스를 지원받지 않고, 만 0~5세 영유아를 가정에서 돌 보는 경우	12개월 미만 월 20만, 12~24개월 월 15만, 24~84개월 월 10만 원 지원.
양육	보육료 지원	만 0~5세가 어린이집에 다닐 경우	보건복지부 아이행복카드로 보육료 지원
양육	누리과정	유치원 및 어린이집에 다니는 만 3~5세 유아	교육 과정 제공 및 단계적으로 비용 지원

출산비는 한 번에 많은 돈이 필요하나 사전에 기간과 필요 자금을 미리 잘 계획하면 충분히 준비할 수 있다. 단기 자금이고, 반드시 사용해야 할 자금이므로 수익성보다는 안전성에 중점을 둔 단기 금융 상품을 선택하자.

자녀 양육비는 한 번에 목돈이 드는 것이 아니라 매달 일정 금액이 지속적으로 들어간다. 따라서 자녀가 진학하기 전까지의 소득과 지출을 충분히 예상해 두어야 한다. 정기적금이나 자녀 관련 저축성 보험 등을 활용하는 것이 좋다.

● 위험 관리

아이가 성장함에 따라 대비해야 할 위험의 종류가 늘어난다. 어린이보험도 필요하고 부부에게 유고가 발생할 경우 남은 가족의 생계를 보장하기 위한 생명보험도 필요하다. 연금보험도 고려해야 한다.

● 주택 확장 및 자동차 구입 비용 마련

자녀가 성장하면서 주택을 넓히는 데 필요한 목돈을 준비해야 한다. 또한 자녀를 안전하게 태울 수 있는 자동차도 필요하다. 자동차 구입 또는 교체를 위해 목돈을 준비해 두어야 한다. 돈이 없다고 자동차 할부금융이나 리스 등을 활용하게 되면, 우선은 편리하지만 원리금 상환으로 미래 소비 자원이 줄어들게 된다. 자녀가 성장할수록 돈은 더 필요해지므로 특별한 경우가 아니라면 할부 금융을 활용하지 말고 미리 돈을 준비해 놓자.

목돈을 만들기 위해서는 안전한 정기적금이나 적립식 펀드를 기본으로 하여 종잣돈을 마련하고, 이를 활용하여 목돈을 불리는 것이 좋다. 다만 안전한 자금 운용이 필요하기 때문에 주가지수 연계 상품을 고려해 보는 것이 대안이 될 수 있다.

자녀학령기(40대)

생활이 안정되고 소득 수준이 높아져 자산 축적이 활발히 이루어지는 시기지만 자녀 교육, 주택 규모 확대 등으로 지출 규모 역시 크게 늘어난다. 재무 관리를 소홀히 할 경우 수입의 대부분이 생활비로 사용되기 쉽다.

주택 규모 확장과 노후 대비를 위한 목돈 마련이 중요한 과제다. 이 시기에는 상당수가 주택을 소유하게 되는데, 주택담보대출이 있는 경우에는 원리금 상환 부담이 있어 교육비와 주택 규모 확장 비용이 저축에 부정적 영향을 미치기 쉽다. 교육열이 세계 최고 수준인 우리나라에서는 교육 서비스를 합리적으로 선택하는 능력이 가정의 행복을 좌우한다.

부부의 노후 생활 대비 자금도 본격적으로 따져 봐야 하는 시기다.

● 자녀 교육비 조절

과도한 사교육비를 줄이고, 생애주기 전체에 걸친 재무 목표를 고려하여 합리적인 수준 내에서 자녀교육비를 정해야 한다. 교육비는 자녀가 초등학교에 들어가기 전부터 지출의 상당 부분을 차지하고, 중·고등학교에 다닐 때 절정에 이르기 때문에, 노후 설계를 해야 하는 시기이지만 이에 대해 아무런 대처도 못하게 되기 쉽다.

교육비를 많이 들인다고 결코 자녀의 성적이 향상되는 것은 아니므로 이에 현혹되지 말고, 자녀 수를 고려하더라도 가급적 소득의

20%를 넘지 않는 선에서 교육비를 조절하는 것이 바람직하다. 부모가 자녀와 대화를 많이 하고, 공동의 학습 시간을 갖도록 노력하여 공부하는 습관을 들여 주는 것이 학습에 훨씬 효율적이다.

● 자녀 대학등록금 마련

학자금 융자 제도가 잘 정비되어 있어 성적이 아주 나쁘지 않을 경우 자녀 스스로 학자금 융자를 받고 취업해서 갚아 나가도록 하는 것이 좋다.

그러나 부모가 자녀의 대학등록금을 마련해야 한다고 생각한다면 자녀가 초등학생 시절부터 장기 적립식으로 세금 혜택이 있는 저축을 선택하거나 적립식 펀드를 이용해 보자.

● 노후 자금 준비

노후 자금은 일찍부터 준비해야 한다. 돈의 규모보다는 얼마나 일찍 시작하느냐가 중요하다. 물론 은퇴 이후의 필요 자금을 산정해서 불입액을 정하는 것이 원칙이지만, 적은 금액으로 저축하기 시작해서 나중에 금액을 늘려 가는 것도 좋은 방법이 된다.

노후 자금을 준비할 때는 인플레이션 문제를 잊지 말아야 한다. 20년, 30년 후에 사용할 자금을 모으는 것이므로, 그간의 물가상승률을 감안해야 하는 것이다. 예금금리가 워낙 낮기 때문에 인플레이션을 고려하면 저축으로 인해 얻을 수 있는 이자는 거의 없다. 노후 자금은 장기 투자하는 것으로 시간의 경과에 따라 투자 위험이 상쇄되기 쉽다는 점을 고려하여 다소 적극적인 투자를 할 필요도 있다.

자녀성년기(50대)

자녀 수 및 자녀의 독립 시기, 본인의 은퇴 시기 등에 따라 여건이 각각 다르지만, 조만간 은퇴를 앞두고 향후 노후 생활을 위한 막바지 준비를 해야 한다는 것은 공통의 과제다. 30~40대부터 꾸준히 저축해 왔다면, 모인 자금의 투자 방법을 고려해야 하고, 이제껏 공격적 투자를 해 왔다면 안정적 투자로 전환해야 할 시기다.

노후 대비를 위한 여유 자금 운영, 자녀 교육 및 결혼 자금의 효율적 통제, 주거용 부동산 및 투자용 부동산 고려, 그리고 위험에 대비한 보험 가입 등이 주요 재무 목표가 된다. 자녀의 결혼 자금은 가급적 자녀 스스로 준비하도록 미리 유도할 필요가 있다.

가계 흑자는 점차 줄어드나 자녀 결혼 비용, 노후 자금 마련 등에 관한 압박이 증대하는 시기로 자산 및 부채 관리, 증여와 상속 등에 관한 실천적 기량이 매우 중요하다.

● 노후 자금 준비

노후 자금이 얼마나 필요한지 파악한 후, 저축해야 할 금액과 투자 대안 등을 강구할 필요가 있다. 자금 규모와 남은 기간, 수익성,

안정성 등을 고려하여 적절한 투자 대안을 선택해야 한다.

● 안전성을 우선하되, 수익성도 보장되는 금융 상품 활용

이 시기에는 안전성에 비중을 두고 보수적으로 자산을 운용하는 것이 바람직하다. 노후에 사용할 돈일 뿐만 아니라, 앞으로 경제활동을 할 시간이 별로 남지 않았으므로 원금을 손실하면 안 되기 때문이다.

그러나 평균 수명 증가와 저금리 기조로 인하여 예·적금만으로는 원하는 만큼의 자금을 모으기 어렵다. 안정적 수익을 추구하는 혼합형 펀드, 금리 조건이 좋은 채권, 특정금전신탁, 원금 보장이 가능한 주가지수 연동 예금(ELD) 등을 이용하면 안전성도 확보하면서 정기예금 이자 이상의 수익을 기대할 수 있다.

노후의 생계비 마련을 위해 부동산에 투자하려 한다면, 반드시 현금화 가능성을 고려하고, 토지나 임야보다는 상가나 주택과 같은 임대 가능한 부동산에 투자하는 것이 좋다.

● 질병, 사고, 노후 질환에 대비

장기 생존이나, 치매, 간병 등의 위험에 대비한 보험이 필요하다. 이미 가입해 둔 보험을 살펴보고, 필요하다면 추가적인 보험 가입도 고려해 보자. 그러나 연령이 증가하면 보험료가 비싸지므로 위험과 비용의 관계를 잘 고려해서 적정 수준의 범위를 잘 생각해야 한다.

자녀 독립 및 은퇴기(60대 이후)

은퇴 이후 생활에 대해 준비가 되어 있지 않으면 경제적으로나 정서적으로 위축되고, 불만족이 심해져 삶의 질이 저하된다. 노후 생활을 위한 비용 준비도 필요하지만, 은퇴 후 삶에 대해 긍정적인 태도를 갖고, 노후 생활에 적합한 건전하고 적극적인 여가활동을 할 수 있는 능력을 미리 갖추어 둘 필요가 있다.

주택 규모를 줄이고 노후 대비용 수익형 부동산을 마련하는 것이 좋다. 생활비도 노후의 생활수준으로 미리 줄여 나갈 필요가 있다. 노후가 되어 줄이게 되면 박탈감이 상상 이상으로 커지게 되기 때문이다. 죽거나 아플 때를 대비한 구체적 행동 계획도 서 있어야 한다. 상속 준비가 필요한 것은 물론이다. 일반적으로 나이가 더 들면 합리적인 의사결정이 어려워진다. 돈과 관련한 의사결정은 이 시기에 미리 해 두는 것이 좋다.

● 안정적인 현금 흐름 조성

은퇴 이후에는 급여나 사업소득이 급감하고, 그에 따라 지출도 급감하며, 자산소득 및 연금소득의 비중이 커진다. 은퇴 전에 비해 여러 가지 재정적 제약이 생기기 때문에 이 시기의 재무 설계는 매우 소극적이 되기 쉽다. 은퇴 후 원하는 수준의 생활을 유지하기 위해서는 안정적인 현금 흐름이 생기도록 초점을 맞출 필요가 있다.

● 지속적인 자산 관리

안정적인 노후 생활을 위해 축적된 자산을 적극적으로 관리할 뿐만 아니라 제2의 인생을 적극적으로 개척해야 한다.

은퇴 이후에 새로운 일을 찾기가 쉽지는 않다. 그럼에도 은퇴 후 새로운 직업, 즉 세컨드 잡(Second job)을 찾는 노령 인구는 증가하고 있다. 새로운 일을 찾으려는 노력은 그 자체로도 은퇴 후 생활을 건강하고 풍요롭게 이끌어 준다.

● 세금 관리 및 상속 설계

세금 부담을 줄이기 위해 수익률이 다소 떨어지더라도 비과세 상품을 가지고 있는 것이 좋다. 주식 간접투자 상품에 일정액을 운용하여 금융소득 종합과세 대상 금액을 줄일 필요도 있다. 상속을 할 경우 엄청난 세금을 낼 가능성이 있다는 점을 잊어서는 안 된다. 금융자산이 많은 경우 상속 준비를 늦추면 종합과세 대상자로 분류되어 과세 당국의 요주의 인물이 될 가능성도 있다.

현금 흐름의 지속적인 창출이 가장 필요하고, 보험을 포함한 현재의 자산과 부채 현황의 정리가 필요하며, 자녀에게 재산 증여, 상속을 위한 유언장 작성, 질병 대처 방안도 미리 강구해 놓아야 한다.

STUDY 38

은퇴 준비는
직장에 들어가면서부터

우리는 원하든 원하지 않든 나이가 들면 은퇴하게 된다. 은퇴란 단순히 하던 일에서 물러나는 것만 의미하는 것이 아니다. 생활 패턴이 달라지고, 인간관계에도 변화가 온다. 무엇보다도 소득 수준에 변화가 온다.

우리가 일할 수 있는 기간은 너무 짧다. 태어나서 교육받고, 사회에 나가 제대로 된 일자리를 잡기까지 30여 년, 일할 수 있는 기간은 기껏 30년이다. 일자리를 늦게 잡은 사람은 20여 년이면 현역에서 물러나야 한다. 은퇴하고 나면 남은 기간은 30년 이상이 된다. 30년 준비해서 30년 일하고, 30년 물러나서 세상 떠날 준비를 하는 것이 우리의 인생인 것이다. 따라서 일하는 30년 동안 은퇴 이후 살아갈 나머지 30년의 생활 기반을 만들어 놓아야 한다.

은퇴란 우리 인생에 있어 가장 위험한 순간이 될 수 있다. 40~50
년 잘 살다가 말년에 돈이 없어 비참하게 보내고 싶지 않다면, 은퇴
준비는 직장에 들어가자마자 시작하는 것이 좋다.

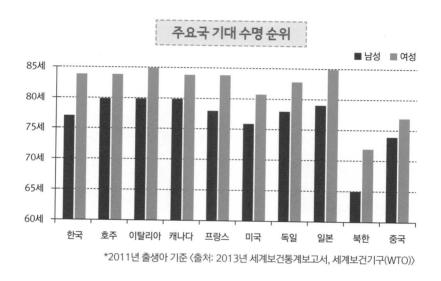

주요국 기대 수명 순위

*2011년 출생아 기준 〈출처: 2013년 세계보건통계보고서, 세계보건기구(WTO)〉

우리의 기대 수명은 이미 선진국형이다. 그러나 현실은 최저생계
비에도 못 미치는 생활을 하는 노인들이 반 이상이다. 소득 수준의
하위 20% 중 55%가 독거노인이라고 한다.

그러나 앞으로는 지난 세대보다 은퇴 준비가 더 힘들어진다. 벌기
도 전에 쓰려 하고, 첫 월급을 타면서부터 드라마 주인공처럼 살고
싶어 하는 소비 패턴 때문이다. 집은 소유보다는 이용 개념이라고
생각하여 집 살 돈을 마련하기보다는 멋진 승용차를 몰고 다닐 생

각부터 한다. 금융회사의 부추김이 뒷받침되고 있음은 물론이다. 그러다 보니 버는 대로 쓰는 습관이 몸에 밸 수밖에 없다. 인생 전반에 걸쳐 수입과 지출의 균형을 맞추며 살아가야 한다는 이야기는 먼 나라 이야기로 들리기 쉽다.

은퇴 설계 5단계

자신의 재무 정보를 확인해 보자. 현재 보유한 부동산은 얼마나 되는지, 금융자산에는 어떤 것이 있는지. 그리고 은퇴 후 내가 꿈꾸는 생활 방식을 생각해 보자. 그리고 은퇴 시점에 내가 활용할 수 있는 금융자산의 규모는 어떻게 되며, 연금을 얼마나 받게 될 것인지 예측해 보자. 그러면 내가 추가적으로 마련해야 할 돈이 얼마나 되는지 대략적으로라도 알 수 있다. 그러한 구체적 자료를 기반으로 은퇴 대비 전략을 짜는 것이다.

돈이 많이 부족하다면, 지금부터 생활 규모를 줄이고, 노후 대비용 금융 상품에 가입하거나 임대 수입이 가능하도록 부동산 구조를 조정해야 한다. 그리고 지속적으로 점검하여 부족한 자금을 메워 나가야 한다.

	단계	질문
1단계	재무 정보 확인	현재 보유한 부동산 및 금융자산은? 은퇴 후 예상되는 나의 생활 방식은?
2단계	데이터 분석	은퇴 시점에서 나의 금융자산 가치는? 은퇴 시 예상되는 연금 수령 액수는? 추가적으로 마련해야 할 은퇴 준비 자산은?
3단계	전략 수집	부족한 자금을 메울 구체적 방법은? (저축 상품, 투자 상품 선택 등)
4단계	실행	금융 상품에 가입, 부동산 매각, 상가 혹은 임대 수입이 가능한 부동산 매수
5단계	실행	실행된 결과를 정기적으로 점검 → 준비 자금 달성 여부 확인 → 부족한 만큼 재조정

국민연금만으로는 부족

은퇴 이후 생활비를 반 이상 줄인다고 해도 국민연금만으로는 생활하기에 부족하다. 그러니 다양한 수익 구조가 필요하다. 개인연금 같은 금융자산도 필요하고, 정기적인 수입을 보장하는 부동산도 필요하다.

우선 연금 준비를 잘하면 은퇴 후에도 정기적인 현금 흐름을 얻을 수 있다. 20년 이상 국민연금에 가입해서 이른바 '완전 노령연금'을 받을 경우 평균 수급액은 88만 원이 넘으므로, 경제활동을 시작할

무렵부터 국민연금 관리만 잘해도 노후 빈곤층으로 하락할 가능성이 줄어든다.

국민연금에 가입하지 못했거나, 가입했더라도 수급액이 적은 경우, 직장인이 아니어서 퇴직연금이 없는 경우라면 개인연금을 통해 노후 소득을 준비해야 한다.

개인연금만으로 100만 원 이상의 연금액을 만들기는 쉽지 않지만, 다른 연금이 없다면 개인연금의 불입액을 늘려야 한다. 수익률에 따라 다르지만 대략 50만 원 이상은 꾸준히 불입해야 은퇴 후 100만 원가량의 연금을 받을 수 있다.

되도록 국민연금, 퇴직연금, 개인연금을 모두 활용하는 것이 좋다. 한두 개의 연금만으로 은퇴 후 중산층 소득 수준을 맞추기 어렵기 때문이다.

노후 소득을 위한 또 하나의 전략은 부동산이다. 부동산을 활용해 소득을 만드는 방법은 담보와 매도, 축소, 이전 등 크게 네 가지다. 우선 부동산을 담보로 주택연금과 농지연금을 이용하는 것을 고려할 수 있다. 건강수명이 끝날 무렵인 75세에 연금을 신청할 경우 2억 원 주택이라면 80만 원, 3억 원 주택이라면 121만 원가량을 받을 수 있다. 부동산을 매도하거나, 같은 지역에서 작은 집으로 혹은 다른 지역으로 이사할 경우에도 소득을 얻을 수 있다.

STUDY 39

부자가 알아야 할
열 가지 금융 원칙

등가교환의 원칙

기브 앤 테이크, 준 만큼 돌려받아야 한다는 원칙이다. 무슨 뜬금 없는 소리인가? 준 만큼 받아서 언제 돈을 모으란 말인가? 그런데 신중하게 생각해 보자. 준 것보다 더 받으려는 태도는 남의 것을 착취하겠다는 이야기다. 남의 것을 착취하려는 사람들만 살아가는 세상은 질서가 서지 않는다. 그러면 내 것도 결국 누구에겐가 착취당하게 된다. 세상에 공짜는 없다는 경제학의 기본 원리와 동일하다. 공짜로 보이는 것은 실은 누군가가 비용을 지불한 것이다. 아무 의미 없이 비용을 지불하는 사람은 없다. 결과적으로는 내가 더 많은 것을 빼앗기게 된다.

부자가 되려면 더 많이 주고 덜 돌려받을 생각을 하자. 그러면 그

덜 돌려받은 부분이 내 신뢰로 쌓이게 된다. 더 많이 노력하고, 더 많이 베풀자. 직장인들은 받는 월급보다 더 많이 일하고, 고용주들은 손해 보지 않는 범위 내에서 직원들이 일한 몫보다 더 많이 챙겨 주는 것이다. 자영업을 한다면 고객으로부터 받는 돈보다 더 기분 좋은 서비스를 하자. 남들이 받는 돈보다 더 받지 말라는 이야기가 아니다. 남 만큼 받되, 남보다 더 정성스런 서비스를 하자는 것이다.

준 것보다 받은 것이 더 많을 때 남은 것은 돌려주어야 한다. 남은 것에 연연해서는 부자가 되기 어렵다. 남은 것을 돌려주면 사회적 신뢰가 쌓인다. 그 신뢰가 쌓여 우리의 평판이 되는 것이다. 물적으로 남는 것에 연연하기보다 상대방에게 질적으로 더 나은 정성과 유익을 끼치려고 노력해 보자. 더 주고 남은 것은 우리에게 어떤 형태로든 다시 돌아오게 되어 있다. 차액은 보상된다.

수지균형의 법칙

들어온 돈 만큼 나간다는 법칙이다. 이는 개인이나 가계, 기업, 정부에 모두 다 적용되는 법칙이다. 들어오는 돈에는 벌어들인 돈과 그밖의 수입이 있다. 부동산을 판다든지, 전세금을 받는다든지, 금융 상품이 만기가 되거나 해약했다든지, 그 밖에 빚을 얻어 만드는 수입이다. 벌어들인 돈보다 더 쓰려면 그 밖의 수입으로 해결해야 한다. 저축한 돈을 쓰거나 빚을 져야 하는 것이다. 그 밖의 수입에 기대면 결코 부자가 될 수 없다. 재산이 쌓이지 않기 때문이다. 벌어들인 돈보다 덜 쓴다면? 저축을 하게 된다.

가계 수입 = 가계 지출
가계 수입 = 가계소득 + 빚(기타 소득)
가계 지출 = 소비지출 + 저축
따라서, 가계소득 − 소비지출 = 저축 또는 빚

● 벌어들인 돈이 다 내 돈은 아니다

번 돈이라고 해서 내 마음대로 다 쓸 수 있는 것은 아니다. 세금도 내야 하고, 국민연금이나 건강보험 같은 사회보험 부담금도 내야 한다. 빌린 돈이 있다면 그 이자도 내야 한다.

실제로 내가 쓸 수 있는 돈은 벌어들인 돈에서 이렇게 나갈 수밖에 없는 돈 즉, 처분 불가능 소득을 빼야 하는 것이다. 이렇게 한 후 남은 돈이 처분 가능 소득, 또는 가처분소득이다.

내가 쓸 수 있는 돈 = 벌어들인 돈 − 내가 쓸 수 없는 돈
가처분소득 = 소득 − 처분 불가능 소득(세금, 사회보험료, 지불 이자 등)

버는 돈을 다 쓸 수 있다고 착각하는 순간 부자가 되는 길은 저 멀리 달아난다. 돈을 벌면 우선 내가 쓸 수 있는 돈이 얼마나 되는지 미리 계산하는 습관을 들이자.

버는 것보다 더 쓰는 사람의 마음은 넉넉해질 리 없다. 그럼에도 우리나라는 매달 버는 것보다 더 쓰는 집이 전체 가계의 27%나된다. 몰라서 그럴까? 아니다. 모두들 다 잘 알고 있다. 그런데도 소비지출을 줄이지 못하는 것은 핑곗거리에서 벗어나지 못해서다. 이런 사람들은 부자가 되기는커녕 자녀들에게도 가난을 대물림하기쉽다.

소비지출의 원리

살다 보면 소득이 줄어드는 경우가 종종 발생한다. 그래도 소비지출을 줄이기는 어렵다. 그 생활에 이미 익숙해져 있기 때문이다. 이를 소비지출의 하방경직성이라고 한다. 경제학에서도 이러한 소비의 하방경직성을 소비생활에서 빚어지는 다양한 문제 해결의 중요한 원칙 중의 하나로 인식하고 있다.

지출은 언제나 수입에 따라간다. 주머니에 돈이 없는데 돈을 쓸수는 없기 때문이다. 벌어들이든 빌리든 간에 돈을 손에 넣어야 그돈을 쓸 수 있다. 그런데 벌어들이는 돈이 늘어난다고 해서 그 돈에만족하기는 쉽지 않다. 더 많은 돈을 원하기 마련이다. 우리의 욕망은 끝을 모르기 때문이다.

직장에 들어가 첫 월급을 타면, 용돈을 타서 쓰던 때보다 훨씬 더많은 돈을 쥐게 되어 감격한다. 그러나 그 감격이 지속되는 시간은 그 다음 월급을 타기 전까지라고 한다. 돈 쓸 데가 차고 넘치기 때문이다.

파킨슨의 법칙

일본의 재무 설계사로 유명한 나카기리 게이키는 《부자 되는 뇌 구조》라는 책에서 영국의 행정학자 파킨슨이 주창한 사회 생태학적 법칙을 소득과 소비지출에 연관시켜 분석하였다.

파킨슨 법칙이란 사회를 다분히 풍자적으로 분석한 것으로, 공무원 조직에서 상급 공무원으로 출세하려면 누구든 일의 유무나 경중에 관계없이 부하의 수를 늘려 조직을 키워야 한다고 생각하기 때문에, 하위 공무원 수는 그만큼 일정한 비율로 늘어나는 경향이 있다는 것이다. 이를 나카기리 게이키는 우리의 소비생활에 적용하였다. 소비지출을 소득의 하위 변수로 생각해서 소득이 늘면 그만큼 소비지출이 일정한 비율로 늘어나는 경향이 있다고 본 것이다.

그러한 경향이 패턴화되면, 소득이 늘지 않는데도 소비지출은 계속 늘어나는 성향을 보이게 된다. 어떻게 되겠지 하는 막연한 기대감으로 소비지출을 줄이지 못하다 보면 부자의 길은 멀어진다. 부자가 되고 싶다면 소득이 늘더라도 소비지출을 억제할 필요가 있다. 그렇게 되면 저축이 늘어나게 된다. 그 저축은 미래의 소비자금이다. 현재와 미래의 균형적 소비생활을 염두에 두는 것이다.

100과 72의 법칙

부자가 되겠다면 돈이 모이는 원리를 알아야 한다. 가장 안전한 방법은 돈을 금융회사에 맡기고 이자를 받아 불리는 것이다. 모두가 아는 것처럼 이자받는 방법에는 단리와 복리가 있다. 단리는 이자를 받아 그때 다 쓰는 것이고, 복리는 이자를 쓰지 않고 원금에 더해 놓는 것이다.

원금이 두 배로 불어나는 기간을 계산해 보자. 단리는 이자에 이자가 붙지 않기 때문에 불어난 만큼, 즉 100%를 이자율로 나누면 원금이 두 배가 되는 기간을 계산할 수 있다. 지금과 같이 저금리 사회에 정기예금 금리가 1%대라면, 원금이 두 배로 불어나는 데 걸리는 기간은 100년이다. 이것을 100의 법칙이라고 한다.

단리로 원금이 두 배 되는 기간 : 100% ÷ 연간 이자율 1% = 100년

그런데 복리 방식으로 계산하면 이 기간이 많이 앞당겨진다. 이자에 이자가 붙기 때문이다. 복잡한 수식을 적용하여 계산해 보니 원금이 두 배가 되는 데 걸리는 기간은 72를 이자율로 나눈 기간이 되더라는 것이다. 이것이 72의 법칙이다.

복리로 원금이 두 배 되는 기간 : 72% ÷ 연간 이자율 1% = 72년

이자율이 높을수록, 맡기는 기간이 길수록 원금은 더 빨리 불어난다. 복리는 저축에도 적용되지만 대출에도 적용될 수 있다. 일반적으로 대출이자는 예금이자보다 높기 때문에 복리의 효과는 엄청나게 커진다.

놀라운 크기로 늘어나는 복리의 효과에 대해 설명할 때 자주 언급되는 예는, 지구상에서 가장 땅값이 비싸다는 맨해튼 땅을 장신구를 받고 넘긴 아메리카 인디언 이야기다. 1626년 당시 맨해튼에 살던 아메리카 인디언들이 네덜란드계 이민자에게 땅을 넘기는 대가로 받은 장신구는 24달러 가치였다고 한다. 그리고 현재 맨해튼 땅값은 2,000억 달러가 넘는다고 한다. 인디언의 어리석음을 비웃는 것이다.

그런데 복리의 세계에서 계산하면 놀라운 결과가 나타난다. 만일 그 인디언이 장신구를 현금으로 바꾸어 정기예금에 넣었다면 어떻게 될까? 정기예금 금리는 그간의 시세를 반영하여 6%로 가정한다. 이자를 복리 방식으로 계속 정기예금에 다시 넣어 두었다면 390년이 지난 지금, 그 24달러는 3,100억 달러 이상으로 불어났을 것이다. 그 돈이면 지금 맨해튼을 다시 사고도 1,000억 달러 이상이 남는다. 부자가 되고 싶다면 복리의 효과를 다시 한 번 생각해 보자.

배제성과 비배제성

돈 좀 벌어 보겠다고 어디엔가 주식 투자나 펀드 투자를 해도 마음먹은 대로 수익이 나지 않는 이유는 무엇일까? 다들 돈을 버는 것 같아 보이는데 나에게는 그 기회가 돌아오지 않는 것 같다.

● 증권 투자의 수익률은 배제적이다

돈을 버는 사람은 누구인가. 우리 같은 개인 투자자에게는 그런 기회가 좀처럼 찾아오지 않는다. 전문적 조직이 뒷받침되어 있는 기관 투자자나 외국인 투자자, 전문 투자자가 있기 때문이다. 우리가 알고 있는 투자 정보는 대부분 그들이 이미 다 써먹고 난 잔여물들이다. 우리가 상상할 수 없는 세밀한 기법으로 다수의 전문가들이 서로 협의하며 투자 전략을 세운다. 증권 투자는 사실 그들만의 리그인 것이다. 우리는? 판돈을 대 주는 사람이다. 소 뒷걸음질에 쥐를 잡듯 어쩌다 맞닥뜨린 기회에 전 재산을 날리기 쉬운 것이다. 증권 투자의 수익은 우리에게 배제적이다. 우리를 끼워 주지 않는다.

● 비배제의 틀 안으로 들어가자

우리가 돈을 벌 수 있는 기회는 전혀 없다는 걸까? 아니다. 기회가 있다. 우리도 배제되지 않은 비배제의 틀 속으로 들어가면 된다. 단기 투자는 가급적 하지 말자. 프로그램 매매도 하지 말자. 급한 돈, 용도가 정해져 있는 돈으로는 투자하지 말자. 우리가 그 돈이 필요할 때 수익이 올라 있으리라는 보장이 없기 때문이다.

가능한 한 먼 미래를 내다보고, 우리 경제를 끌고 갈 만한 산업군에 속해 있는 가장 안정된 회사에 투자해 보자. 우리 경제가 성장하는 한, 큰 이변이 없다면 그 회사의 주식 가격은 올라가게 되어 있다. 그리고 시세 차익보다는 배당금에 주목하자. 배당금을 넉넉하게 배분하는 회사는 대부분 우량기업이다. 미래 투자가치도 높다. 주가 등락에 일희일비하지 말고, 길게 보고 좋은 주식에 돈을 묻어 두는 것이다.

수익률이 비배제적인 금융 상품의 대표적 예는 정기예금이나 적금이다. 정기예금의 이자율은 우리와 대통령이나 똑같이 적용된다. 원금을 떼일 걱정도 없다. 부자가 되고 싶다면 우선 예·적금으로 돈을 모으자. 그렇게 종잣돈이 모이고 나면 비배제의 원칙을 염두에 두고 금융 투자를 하자.

탐욕은 우리를 망가트린다. 정기예금의 두세 배 수익이 오르면 과감하게 정리하자. 미련을 못 버리면 우리 돈은 판돈이 되고 만다.

지렛대 원리

돈을 빌려 쓰는 것은 나쁜 일이 아니다. 왜, 어떻게 돈을 빌리는지가 문제일 뿐이다. 돈을 빌려 쓰는 것이 합리적인 경우도 있다. 빌린 돈을 지렛대 삼아 더 많은 돈을 벌 수 있다면 그 빚은 좋은 빚이 된다. 그런 경우를 금융에서는 '지렛대 효과'라고 한다. 그러나 문제는 지렛대 효과가 생각대로 쉽게 얻어지는 현상이 아니라는 데 있다.

● 나쁜 빚은 중독되기 쉽다

금융회사는 우리에게 대출을 많이 받으라고 유혹한다. 빌린 돈을 지렛대 삼아 더 큰돈을 벌고, 목돈이 드는 고가의 상품을 사라고 꼬드기는 것이다. 돈이 필요한 사람에게만이 아니다. 새로운 금융 상품이라며 물건 값은 나중에 내고 우선 사용해 보라는 식으로 꼬리를 친다. 이른바 할부금 유예 서비스다. 대중에게 인기가 많은 연예인을 내세워 저항력이 약한 청소년이나 사회 초년생의 돈을 훑어가는 것이다. 이런저런 이유로 선량한 이웃들이 빚쟁이로 전락해 간다. 그러는 사이 금융회사가 돈을 벌어 가는 것은 물론이다.

● 지렛대 효과 사례

지렛대 효과로 대출받은 돈을 수익률이 높은 곳에 투자해서 큰돈을 벌 수 있다면야 좋은 일이지만, 그런 기회는 쉽게 오지 않는다.

정부가 집중적으로 지원하는 창업의 경우를 예로 들어 보자. 산업 구조의 변화, 기계화나 고도 정보화 진전 등으로 취업률이 구조적으로 낮아지자 정부는 실업률 감소, 경기 활성화 등의 명목으로 창업 자금을 엄청나게 퍼 주고 있다. 물론 거저 주는 돈은 아니다. 대출금이다. 담보가 취약한 창업자를 위해서는 신용보증기금이나 기술신용보증기금 등의 보증으로 창업 자금을 빌려준다.

빌려주는 돈을 가볍게 생각하는 많은 창업자들은 대출 한도만큼 돈을 빌려 창업하려 든다. 그러나 우리나라 중소기업청의 통계를 보면, 창업하고 나서 5년이 될 때까지 초기 창업 자금을 잃지 않고 버터내는 창업자는 전체의 20% 내외라고 한다. 당초 기대대로 돈을 버는 창업자는 그 20%의 20%에 불과하다. 결국 대다수의 창업자는 지렛대 효과는커녕 빚쟁이로 전락하는 것이다.

우리 모두가 꿈꾸는 신규 아파트 투자의 경우를 생각해 보자. 건설업자들은, 중도금은 건설회사가 이자를 부담하는 무이자 대출금으로 해결하고, 분양 잔금은 전세금으로 충당해서, 분양 계약금 10%만 현금으로 내면 아파트 한 채를 장만할 수 있다고 무주택 서민들을 꼬드긴다. 입지가 좋으니 입주할 때 팔아넘기더라도 시세차익으로 상당한 프리미엄을 챙길 수 있다는 것이다.

그런데 입주 시점에 아파트 가격이 오르지 않는다면? 무이자로 대출받은 중도금은 입주 즉시 이자를 내야 하는 대출금으로 바뀐다. 이자 부담은 고스란히 계약자의 몫이다. 그렇게 되면 집 명의도 내 명의로 등기를 낼 수가 없다. 대출받은 은행의 명의가 된다.

아파트 가격이 꾸준히 오르기만 한다면 대출 이자와 아파트 등기 비용, 중개수수료 등 이러저러하게 빠지는 돈을 감안하더라고 꽤 큰 돈을 손에 넣을 수 있다. 그러나 아파트 가격이 기대만큼 오르지 않는다면 빚쟁이로 전락하는 것이다. 미국의 서브프라임 모기지론 사태가 거기에서 발생했다.

● 지렛대 효과는 노력에 정비례한다

지렛대 효과를 기대한다면, 확실한 투자 계획이 선행되어야 한다. 구체적인 시장조사가 뒤따라야 함은 물론이다. 남의 말을 믿지 말고 직접 스스로 겪어 봐야 한다. 최소한 1년 이상 관찰하고, 노하우를 쌓아야 한다. 돈을 벌겠다면 그만큼의 투자가 선행되어야 하는 것이다. 그러고 나서도 경제 환경이 기대한 대로 뒷받침해 주기를 기다려야 한다. 지렛대 효과는 우리가 들인 노력에 정비례해서 나타나는 것이다. 이것이 부자가 갖추어야 할 지렛대 원리다.

부채 관리 원칙

● 빚을 낼 여지를 만들지 말라

부자들은 불가피하지 않은 빚을 지지 않는다. 스스로 납득할 수 있는 용도로만 빚을 낸다. 빚이란 중독성이 있어 시간이 흐를수록 호미로 막을 것을 가래로도 막지 못하게 된다는 것을 잘 알기 때문이다. 그렇기에 부자들은 빚을 낼 여지를 만들지 않는다. 느닷없는 위험에 대비해서 보험부터 들어 둔다.

다음으로 현금 회전이 되지 않을 때를 대비해서 비상 자금도 준비한다. 최소 여섯 달치 생계자금은 언제든 쓸 수 있게 준비해 두는 것이다. 결혼 자금, 주택 구입비, 자녀 양육비, 자녀 교육비, 자녀 결혼 자금, 노후 생활 자금 등 생애주기 전반에 걸쳐서 목돈이 들어갈 일에 미리 대비한다. 장기적으로 재무 계획을 세우는 것이다.

● 할부 거래와 마이너스 통장

케이블 TV의 홈쇼핑 채널은 가급적 들어가지 말고, 어떤 경우에도 할부 거래는 하지 않는다. 차라리 할부로 결제할 돈을 모아서 현금으로 구입하게 될 때까지 뒤로 미룬다. 자동차도 마찬가지다. 할부로 구입해서 원리금을 내기보다는 그 돈을 저축해서 현금으로 자동차를 구입한다. 할부의 늪에 빠지게 되면 내야 할 돈의 크기를 착각하게 되기 쉽고, 결국 부채 인생으로 살아가게 된다.

마이너스 통장은 복잡한 대출 서류나 은행 방문 없이 필요할 때마다 돈을 인출해 쓰고 여윳돈이 생기면 다시 채워 넣는 편리함 때문에 젊은 직장인들이 주로 이용한다. 별도의 통장을 만들 필요 없이 월급 통장이나 쓰던 계좌에 마이너스 통장에 대한 약정만 추가하면 된다.

그러나 마이너스 통장은 대출금을 한꺼번에 받는 신용대출보다 이자가 0.5~1.0% 더 높은 데다 대출금을 갚지 않으면 이자가 복리로 계산돼 불어난다. 은행이나 카드사들은 고객들에게 '신용카드 결제 계좌에 잔액이 없어 발생하는 연체 이자율보다는 마이너스 통장 이자가 훨씬 싸다'며 마이너스 통장 연계를 부추긴다. 그러나 부자가 되고 싶다면 마이너스 통장을 만들지 말아야 한다.

● 상환 가능성이 뒷받침되어야 한다

아무리 급한 돈이라도 상환 계획이 뒷받침되지 않는 돈은 빌리지 않는 것이 철칙이다. 갚을 수 있는 범위 내에서 가급적 빌리는 돈을 최소화하고, 상환 기간을 정해야 한다. 자신의 재무 상태를 잘 파악하고 있어야 하는 것은 기본이다. 상환 방식으로는 이자 비용이 적게 소요되는 원리금 분할 상환을 기본으로 하되, 자금 회전 일정에 따라서는 원금 일시 상환도 고려한다.

● 발품을 팔아 싼 이자를 찾아보라

돈을 빌리기 전에는 이자액을 세밀하게 비교해야 한다. 금리 변동이 들쑥날쑥할 때의 장기 대출에는 고정금리가 유리하다. 그러나 변동금리가 고정금리보다 낮을 때의 5년 이상의 중·단기 대출에는 변동금리가 유리하다.

가급적 여러 은행의 금리 조건을 비교해 보는 것이 좋다. 어느 은행이든 주거래고객이 되어, 은행에서 요구하는 모든 거래에 응하겠다는 의사를 밝히면 최저 금리 수준을 제시하게 되어 있다.

이자율 산정은 다분히 주관적으로 이루어진다. 교섭이 가능하다는 의미다. 창구 직원과 협상하라. 진지하게 협상하는 만큼 이자율은 내려간다. 우선 어떤 은행의 주거래고객이 될 경우 어떤 혜택을 받게 되는지 꼼꼼히 따져 보자. 주거래고객이 되고 나서는 은행이 요구하는 모든 조건을 갖추어 주자. 그리고 돈을 맡기거나 빌릴 때 이자율을 높이거나 낮추기 위해 교섭하는 것이다. 규칙 내에서만 가능할 것이라고 지레짐작하지 말자. 은행의 조직은 기계가 아니다. 사람으로 구성되어 있다. 에누리 없는 장사는 없다.

● 우선순위대로 실천하라

빚이 여럿 있을 경우에는 금액이 적은 빚과 이자율이 높은 빚부터 갚아 나가야 한다. 보유 자산과 부채 목록, 상환 계획, 상환 내역을 기록한 부채기록부를 만들고 빚에서 벗어나기 위한 마스터플랜을 만들어 실천하라.

파레토 법칙과 롱테일 법칙

우리가 사는 세상에는 핵심적인 소수에게 원하는 가치가 집중되어 있고 다수에게서는 의미 있는 가치를 찾아내기 어려운 경우가 많이 있다. 극히 일부 원인으로부터 대부분의 결과가 초래되는 것이다. 이탈리아 독재자 무솔리니 시대의 경제학자 빌프레도 파레토는 제1차 세계대전 이후 유럽 여러 나라의 소득 분포 조사에서 소득 상위 20%에 속하는 사람이 전체 부의 80%를 차지한다는 통계 현상을 발견했다. 이러한 사회 경험을 20대 80의 법칙이라고 하는데 파레토가 발견했다고 해서 '파레토 법칙'이라고 한다.

이는 은행 고객의 거래 성향을 분석해 볼 때 20% 미만의 고객이 전체 예금 잔고의 80% 이상을 차지하고 있다든지, 백화점 고객의 20%가 안 되는 로열 고객이 매출 이익의 80%를 가져다주더라는 통계상의 경험을 이야기하는 것이다.

파레토 법칙은 핵심적인 역할을 하는 소수 안에서도 동일하게 적용되는 것으로 알려져 있다. 일본의 어느 곤충학자가 개미 집단을 관찰해 보니 일개미들이 모두 부지런히 돌아다니기는 했지만, 실제 먹이를 물어 오는 등의 유용한 일을 하는 개미는 20%에 불과했다고 한다. 그 유용한 20%의 개미만 따로 모아 다시 같은 관찰을 해 보니, 그중에서 또 20%만이 유용한 일을 하더라는 것이다.

● 일상생활에서의 파레토 법칙 사례
(https://ko.wikipedia.org/ 참조)

-인터넷 사용자의 20%가 양질의 정보 80%를 생산한다.

-수신 이메일의 20%만이 유용하고 나머지 80%는 스팸메일 수준이다.

-1년간 총 통화 시간의 80%를 20%의 상대방과 통화한다.

-즐겨 입는 옷의 80%는 옷장에 걸린 옷의 20%이다.

-전체 운전자의 20%가 전체 교통법규 위반 건수의 80%를 차지한다.

-20%의 범죄자가 80%의 범죄를 저지른다.

-운동선수의 20%가 전체 상금 80%를 가져간다.

-집중력을 발휘한 20%의 시간에 성과의 80%가 이루어진다.

-20%의 우수한 인재가 문제의 80%를 해결한다.

-창업자의 1/5만이 초기 창업 자금을 5년 이후까지 유지하고, 그 중 1/5만이 실질적 수익을 올린다.

-반에서 20% 안에 드는 학생만이 공부에 열심이고, 교사의 20% 만이 창의적으로 가르친다.

우리가 벌인 일 중에서 쓸 만한 성과를 올릴 수 있는 일은 20%가 채 되지 않는다. 어떤 일을 선택하고 집중할 것인지 신중하게 판단해야 한다. 투자 대상의 20% 이내에서 투자 성과의 80%를 내게 된다. 그 20%를 찾아내는 사람에게 수익은 집중된다.

이처럼 파레토 법칙은 상품의 20%가 매출의 80%를 차지한다거나 고객의 20%가 매출의 80%를 발생시킨다는 것으로 선택과 집중을 강조한 전략이다.

이에 반해 롱테일 법칙은 80%에 해당되는 사소한 다수가 20%의 '핵심 소수'보다 뛰어난 가치를 창출한다는 이론으로서, 20%의 소수가 80%를 이끌어 낸다는 파레토 법칙과 반대되는 개념이다.

디지털과 인터넷을 이용하는 시대에 상위 20%에 집중하면 시장에서 주도권을 잡을 수 없다는 것이다. 따라서 이제는 80%의 고객과 제품을 사로잡아야 한다고 주장한다.

이 용어는 2004년 10월 미국의 인터넷 비즈니스 관련 잡지《와이어드》의 편집장 크리스 앤더슨이 처음 사용하였다. 앤더슨에 따르면, 많이 팔리는 상품들을 연결한 선은 급경사를 이루며 짧게 이어지지만 적게 팔리는 상품들을 연결한 선은 마치 공룡의 '긴 꼬리(long tail)'처럼 낮지만 길게 이어지는데, 이 꼬리 부분에 해당하는 상품들의 총 판매량이 많이 팔리는 인기 상품의 총 판매량을 압도한다는 것이다.

롱테일 법칙은 아마존 서점과 구글의 사례에서 자주 등장한다. 온라인 서점 아마존닷컴의 전체 수익 가운데 절반 이상은 오프라인 서점에서는 서가에 비치하지도 않는 비주류 단행본이나 희귀본 등 이른바 '팔리지 않는 책'들에 의하여 축적되고, 구글의 주요 수익원은 《포춘》에서 500대 기업으로 선정한 '거대 기업'들이 아니라 꽃 배달 업체나 제과점 등 '자잘한' 광고주라는 것이다.

인터넷과 모바일이 발전하면서 파레토 법칙에 역행하는 롱테일 법칙이 주목을 받기 시작했다. 인터넷과 모바일의 발달로 중간상의 역할이 줄어들고 유통마진이 줄어들면서 대중 소비자들을 만족시켜 줄 만한 값싼 상품들이 온라인 상거래를 통해서 많이 쏟아져 나오고 있다. 이러한 싸고 좋은 상품들을 보면 소비자들은 SNS와 모바일을 통해 전파하게 되고 삼시간에 입소문을 타고 대다수의 소비자들이 그 상품에 관심을 가지고 구매하게 된다.

여기에 핵심적인 비밀이 숨어 있다. 부자가 되려면 다른 사람들이 쓸모없다고 외면하는 80%를 놓치지 말라는 것이다.

중개료의 원리

금융의 기본 원리는 자금 공급자와 자금 수요자가 금융회사를 매개로 서로 연결하여 네트워크를 형성하는 데 있다. 누군가가 쓰지 않고 모아 두려는 돈을 누군가 필요한 사람이 빌려 쓰도록 제도적으로 도와주어 자금이 원활하게 소통되도록 촉진하는 것이다. 거저 도와주는 것일까? 아니다. 중개료를 받는다. 이 중개료가 합리적인지

불합리한지를 따져 보는 것은 부자가 되려는 우리의 몫이다.

몇 년 전에 금융감독원이 경보를 울린 적이 있다. 정부나 금융회사가 노후 대비에 꼭 필요하다고 강력하게 권유하여 우리 대부분이 가입하고 있던 개인 연금의 수익률이 바닥이라는 것이었다. 정기예금 이자율은커녕, 원금조차 까먹고 있는 연금 상품이 수두룩하더라는 것이다. 왜 그런지 따져 보니 개인 상품을 운용하는 금융회사들이 대부분 중개료 장사에 눈이 멀어 있었던 것이다. 돈을 맡겼다가 몇 년 안에 찾아가는 일반 금융 상품에 비해 연금 상품은 만기가 길고, 수령 시기가 길어서 맡긴 사람들이 잊고 사는 경우가 대부분이기 때문에, 법이 정한 한도 내에서 사고팔고를 무한 반복하고 있었던 것이다.

규모가 크고 사회 환원 활동을 열심히 하는 금융회사는 믿어도 좋을까? 천만의 말씀이다. 그들이 하는 사회 환원 활동 자금은 우리에게서 거둔 중개료의 일부다. 우리 돈으로 생색내기 하는 것이다. 주식시장이 곤두박질치거나, 금리가 불안정해서 나라 안팎이 뒤숭숭하거나, 경기 이상으로 많은 이들이 사업을 접고 일터를 떠나도 금융회사는 끄떡없다. 외환위기 당시 많은 금융회사가 문을 닫고 금융회사 직원들이 일터를 떠났지만, 남은 자들에게 그곳은 여전히 최고의 직장이다. 금융회사의 CEO들은 당신이 상상도 못할 만큼 많은 돈을 받고 일한다. 그 월급이 우리가 낸 중개료로 충당되는 것이다.

● 예대마진

금융회사의 중개료는 크게 두 가지 형태로 나뉜다. 우선 은행을 비롯해 저축은행, 상호신용금고나 새마을금고 등의 상호저축회사는 예대마진이다. 예금할 때의 이자율은 미미하지만, 대출받을 때의 이자율은 억 소리가 나게 높다. 그 차액을 은행계 금융회사가 가져가는 것이다. 이것을 예대마진이라고 한다. 예대마진이 늘면 그만큼 중개 회사는 돈을 번다. 물론 은행이 펀드나 보험도 팔고, 자금이체나 외환 판매 등 다양한 수수료를 받기도 하지만, 수익의 몸통은 예대마진이다.

● 중개수수료

다음으로 증권회사나 보험회사는 중개료 명목으로 수수료를 받는다. 이 수수료가 많게는 10%가 훌쩍 넘는다. 예금금리 1% 시대에 10%는 어마어마한 규모다. 증권회사는 증권을 사고팔 때, 보험은 보험료를 받을 때 수수료를 뗀다. 수익금에서 수수료를 내는 것이 아니다. 거래 원금의 일정 비율을 수수료로 챙겨 간다.

케이블 TV에서는 연일 믿음이 가는 남녀 배우들을 앞세워 묻지도 따지지도 않고 보험에 가입시켜 주겠다고 우리를 회유한다. 조심하자. 우리에게 보험을 들게 해 주는 것이 아니라, 수수료를 내 달라고 사정하는 것이다. 과연 그 보험이 우리에게 실질적인 도움이 되는 것인지, 돈만 내고 마는 건 아닌지 꼼꼼하게 따져 봐야 한다.

특히 저축성 보험에 유의하자. 수익률이 은행의 정기예금보다 높다고 우리를 유혹하나, 원금에서 수수료를 미리 뗀 나머지 금액에 수익률을 적용해 보면 손해를 보는 일도 많다. 중도 해지하면 원금마저 크게 잃게 된다. 10년 정도는 꾸준히 불입할 생각을 해야 수수료도 줄어들고, 절세 혜택도 받게 된다. 자칫하면 저축성 보험은 돈먹는 하마가 된다.

그러니 부자가 되려면 중개료에 주목해야 한다. 돈 벌어서 금융회사 좋은 일만 시키고 끝날 수도 있기 때문이다. 앞으로 남고 뒤로 밑지지 않으려면 중개료로 말미암는 손익을 잘 헤아려 봐야 한다.

행복방정식의 네 가지 공식

　　동서고금을 막론하고 많은 학자들이 행복의 조건을 놓고 다양한 연구들을 해 왔다. 어떻게 하면 인간의 욕망을 충족시켜 행복하게 될 것인가. 최종적으로는 욕망의 크기를 그대로 놓고 그 욕망을 충족시킬 수 있는 방법은 없다는 결론을 내리게 되었다. 욕망이 충족되려면 욕망 자체를 통제할 수밖에 없었던 것이다.

　　1970년 노벨경제학상을 받은 미국 MIT대학의 신고전파 경제학 교수 폴 사무엘슨은 〈소비자 선택에 관한 이론 발전〉이라는 논문에서 행복의 크기는 우리가 소유한 물질이나 소비하고 있는 것들의 크기를 욕구의 크기로 나눈 값이라고 주장했다.

　　행복의 크기 = 소유 또는 소비의 크기 / 욕구의 크기

　　우리가 소유한 모든 자원은 쓰다 보면 언젠가는 바닥이 나는 유한한 것인 데 비해 욕망은 끝이 없고, 따라서 아무리 많은 것을 가진다 해도, 욕망을 줄이지 못하면 결코 행복해질 수 없다는 것이다.

　　이 주장을 받아서 사상 최초로 노벨경제학상을 받은 심리학자로,

고전경제학의 프레임을 완전히 뒤집어 행동경제학을 주창한 프린스턴대학교의 대니얼 카너먼 교수는 행복의 크기를 객관적 성취와 주관적 욕망의 관계로 해석했다.

행복의 크기 = 객관적 성취 / 주관적 욕망

행복이 욕망의 크기에 좌우된다는 생각은 사무엘슨과 같지만, 대니얼 카너먼의 주장은 보유 자원이나 소비의 크기가 작더라도 어떤 위치에 있는가, 사회적인 잣대로 우리가 이루어 낸 것들이 어떤 객관적 평가를 받고 있는가에 행복이 좌우된다는 것이다. 재벌 총수든 대통령이든 노벨상을 받은 사람이든 간에 상관없이 욕망을 억제하지 못하는 사람은 행복해질 수 없다는 이야기다.

최근에는 우리에게도 잘 알려져 있는 미국의 젊은 여류작가 조디 피콜트가 한 고등학교에서 벌어진 총격 사건을 다룬 《19분》이라는 제목의 소설에서 행복에 대해 다음과 같이 언급한다. 행복이란 이미 알려져 있는 것같이 현실을 기대치로 나눈 값이지만, 그 생각을 뒤집어서 기대치를 현실로 나누어 보면 희망 크기가 된다는 것이다.

행복의 크기 = 현실 / 기대치(꿈과 목표)

기대치(꿈과 목표) / 현실 = 희망…욕망

꿈과 목표가 현실적 여건에 비해 지나치게 크면 행복이 멀어져 가지만, 동시에 희망의 크기는 더 커진다는 것이다. 행복하지 못하다고 생각하는 사람일수록 더 큰 희망을 갖고 있지만, 그 희망 속에는 욕망 덩어리가 꿈틀거리고 있다. 욕망을 잘 제어하면서 희망을 실천하면 행복의 크기를 키워 갈 수 있지만, 욕망을 제대로 제어하지 못하여 불평불만의 함정에 빠지게 되면 결국 욕망의 제물이 될 수 있다는 경고다.

행복이란 다분히 수동적이다. 운 좋게 얻어 걸린 복을 말하기 때문이다. 물론 복의 크기를 우리가 결정할 수는 없다. 자질과 역량이 각자 다 다르기 때문이다. 그러나 우리가 노력하면 받을 만한 복을 받을 수 있다. 축복이 우리를 기다리고 있는 것이다.

행복의 크기 = 노력 / (욕망-통제)

　축복이란 우리가 지니고 있는 자질과 역량을 노력으로 제어할 때 우리에게 다가온다. 욕망의 크기가 우리를 불행하게 만들 수 있지만, 우리의 타고난 자질과 역량을 적절하게 활용하기 위해 열심히 노력 하면서, 우리 속에서 꿈틀거리는 욕망을 건강한 품성으로 적절히 통 제해 나갈 때 받을 만한 복을 누리게 되는 것이다.

　돈이 그렇다. 많고 적고가 행복의 크기를 결정해 주지 않는다. 가 진 돈을 적절하게 관리하면서, 돈을 많이 벌고 싶고 많이 쓰고 싶다 는 욕망을 금융 마인드로 적절히 통제해 나갈 때, 우리는 돈의 축복 을 누리면서 살게 된다. 지금 당장만 생각하면 미래가 불행해질 수 있다. 우리 각자의 라이프 사이클 속에서 현재와 미래의 균형을 배 려하면서, 그때그때 돈으로 말미암아 어려운 일을 당하지 않도록 금 융 마인드를 갖추게 되면, 우리는 모두가 축복받은 인생을 살아갈 수 있다고 믿는다.

부자 아빠 없다면
금융 공부부터 해라

1판 1쇄 2016년 3월 5일 발행
1판 4쇄 2018년 7월 10일 발행

지은이 · 천규승
펴낸이 · 김정주
펴낸곳 · ㈜대성 Korea.com
본부장 · 김은경
기획편집 · 이향숙, 김현경, 양지애
디자인 · 문 용
영업마케팅 · 조남웅
경영지원 · 장현석, 박은하

등록 · 제300-2003-82호
주소 · 서울시 용산구 후암로 57길 57 (동자동) ㈜대성
대표전화 · (02) 6959-3140 | 팩스 · (02) 6959-3144
홈페이지 · www.daesungbook.com | 전자우편 · daesungbooks@korea.com

ⓒ 천규승, 2016
ISBN 978-89-97396-63-4 (03320)
이 책의 가격은 뒤표지에 있습니다.

Korea.com은 ㈜대성에서 펴내는 종합출판브랜드입니다.
잘못 만들어진 책은 구입하신 곳에서 바꾸어 드립니다.

이 도서의 국립중앙도서관 출판예정도서목록(CIP)은 서지정보유통지원시스템
홈페이지(http://seoji.nl.go.kr)와 국가자료공동목록시스템(http://www.
nl.go.kr/kolisnet)에서 이용하실 수 있습니다.(CIP제어번호: CIP2016004092)